Das
Bayerische Pflegschaftsrecht.

Eine Sammlung

aller das Pflegschaftswesen im Königreiche Bayern betreffenden Gesetze, Verordnungen, Ministerialanordnungen, Kreisausschreibungen, Erkenntnisse und Erört rungen, mit Geschäftsformularien und erläuternden Noten

nebst einer Anleitung

zur Anfertigung und Revision von Vormundschaftsrechnungen, sammt systematischen, chronologischen und alphabetischen Registern,

bearbeitet von

Oskar Reber,
königlich bayerischem Landgerichts-Assessor.

Erstes Heft.

Das Grundgesetz.

Mit erläuternden Noten
und
mit Auszügen aus den Anmerkungen des Freiherrn von Kreittmayr.

München.
V J. Schweitzer Verlag (Jos. Eichbichler). g.

Zur Nachricht!

Das Werk ist zunächst auf 5 Hefte berechnet, welche im Laufe dieses Jahres vollständig erscheinen.

Preis des ersten Heftes 54 kr.

Alle Buchhandlungen nehmen Bestellungen darauf an.

Das

Bayerische Pflegschaftsrecht.

Eine Sammlung

aller das Pflegschaftswesen im Königreiche Bayern betreffenden Gesetze, Verordnungen, Ministerialanordnungen, Kreisausschreibungen, Erkenntnisse und Erörterungen, mit Geschäftsformularien und erläuternden Noten.

nebst einer Anleitung

zur Anfertigung und Revision von Vormundschaftsrechnungen, sammt systematischen, chronologischen und alphabetischen Registern,

bearbeitet von

Oskar Reber,

königlich bayerischem Landgerichts-Assessor.

Erstes Heft.

München 1869.

Druck und Verlag der J. J. Lentner'schen Buchhandlung.

(E. Stahl.)

O. Reber's
Bayerisches Pflegschaftsrecht.

Das Grundgesetz.

Churbayerisches Landrecht vom Jahre 1756. Erster Theil. Siebentes Kapitel:
„Von der Pfleg- und Vormundschaft.“ (Tutela vel Curatela.)

Mit erläuternden Noten

und

mit Auszügen aus den Anmerkungen des Freiherrn von Kreittmayr.

München 1869.
Verlag der J. J. Lentner'schen Buchhandlung.
(E. Stahl.)

Vorwort.

Die Aufsicht des Staates auf Angehörige, die für ihre Person oder für ihr Vermögen wegen Mangels der geistigen Fähigkeit oder Freiheit selbst zu sorgen nicht im Stande sind, ist in allen Gesetzgebungen als eine wichtige anerkannt. Auch Bayern besitzt in seinen Landesgesetzen umfassende Bestimmungen über diese Vorsorge, die man Pflegschaft, auch Vormundschaft oder Curatel, nennt. Wegen der Wichtigkeit dieses Zweiges der Rechtspflege hat der bayerische Staat den Gesetzesvollzug seiner besonderen Aufsicht durch die vorgesetzten Behörden unterstellt und zu diesem Zwecke zahlreiche Vollzugsvorschriften erlassen, welche die gesetzlichen Bestimmungen zwar seit 1818 in materieller Hinsicht nicht änderten, jedoch in Bezug auf formelle Geschäftsbehandlung der Gerichte fortbildeten, und deshalb viele Neuerungen und Aenderungen in dieser Richtung brachten. Viele der neueren Gesetze haben in einzelnen Bestimmungen auch auf das materielle Pflegschaftsrecht Bezug erhalten und die in verschiedenen Zeitschriften durch mehrere Jahrzehnte veröffentlichten gerichtlichten Urtheile und wissenschaftlichen Erörterungen zeigen eine reiche Manigfaltigkeit der praktischen Anwendung und Auslegung. Wer berufen ist, alle diese Vorschriften in das Leben überzutragen, dem ist ihre Kenntniß theils unumgänglich nothwendig, theils wenigstens nützlich. Nur ihre genaue Kenntniß verwahrt vor Willkühr und Unrecht. Wem sind aber alle diese Quellen zugänglich? Wie viele Berufene haben von einem Theile derselben auch nur eine Ahnung? Von dem Laien gar nicht zu sprechen, so ist es bekannt, daß die Bibliotheken der bayerischen Untergerichte sehr schlecht bestellt sind, wenn auch, was dankbarst anerkannt werden muß, allmählig etwas mehr dafür geschieht, und wenige Beamte sind so glücklich, sich alle großen Lehrbücher und Sammelwerke selbst anzuschaffen. Der angehende Pflegschaftsbeamte ist plötzlich in ein Amt hineingeworfen, in dem er, häufig ohne Beistand, lange rathlos dasteht. Diese Betrachtung muß eine in einen möglichst kleinen

Raum zusammengefaßte Sammlung der sämmtlichen Vorschriften über das bayerische Pflegschaftsrecht als höchst wünschenswerth erscheinen lassen. In gleicher Lage habe ich mich um einen solchen Führer und Rathgeber umgesehen und ihn auf einige Zeit in dem vortrefflichen, der wissenschaftichen Behandlung des vaterländischen Pflegschaftsrechts bahnbrechenden Handbuche von Dr. Rosenkrantz über das Pflegschaftswesen in Bayern gefunden, aber nur auf kurze Zeit. Denn alsbald brach das Gebäude des Aufsichtswesens mittelst Pflegschaftstabellen und mit ihm der vorherrschend daraus bestehende formelle Theil, das Gerippe dieses Handbuches, zusammen und wurde durch ein ganz neues System der formellen Geschäftsbehandlung ersetzt, das sich seither fortgebildet hat. Auch das Notariatsgesetz brachte mancherlei Neuerungen. Ueberdieß ist das Handbuch von Dr. Rosenkrantz seinem ausgesprochenem Zwecke nach kein vollständiges Lehrbuch des bayerischen Pflegschaftsrechtes; der wichtige Abschnitt vom Rechnungswesen ist kaum berührt, die vielen civil-, staats- und strafrechtlichen Bezugsgesetze gleichwie die Entscheidungen der Gerichte sind ganz unberücksichtigt geblieben. —

Diese aus lebendiger Erfahrung hervorgegangene Erwägung bereifte in mir den Gedanken, alle unmittelbar und mittelbar auf das bayerische Pflegschaftswesen bezüglichen Materialien zu sammeln und dem allgemeinen Gebrauche zu übergeben, sowohl für den Rechtsgelehrten, als auch für den Laien, wer nur immer, sei es als Richter, Pflegschaftsbeamter, Staatsanwalt, Notar, Vormund, Bevormundeter oder Rechtsanwalt u. s. w. hierin Rath zu suchen hat. Reifliche Ueberlegung hieß mich hiebei die Einrichtung eines Sammelwerkes einem selbstständigen Lehrbuche oder Commentare vorziehen, da ich im gegebenen Falle nicht eine gelehrte Abhandlung mit mehr oder weniger bedenklicher Individualität, sondern eine unverfälschte Widergabe des maßgebenden Textes allein für eine wahre Hilfe des Praktikers erachten mußte.

Gerade dieses System der chronologischen Aneinanderreihung des positiven Stoffes verträgt auch am leichtesten jede weitere gesetzliche Neuerung, die sich jederzeit daran anschließen kann, zumal eine durchgreifende Aenderung des bayerischen Civilrechtes nach den bisherigen Erfahrungen in der bayerischen Gesetzgebung gewiß nicht zu früh hereinbrechen dürfte. — Aber selbst nach einer solchen Aenderung hätte das Bisherige noch lange seinen praktischen Werth, da die Frage, ob gestern oder heute rechtlich verfahren worden sei, nach den gleichzeitigen Gesetzen noch lange nachher, vielleicht noch nach 21 Jahren zu beantworten sein wird, wenn irgend eine Frage später streitig wird, oder wenn der großjährig gewordene Pflegling auf die Untersuchung einer solchen Frage anzubringen sich veranlaßt finden sollte. —

Durch den Zweck, womöglich den Urtext der maßgebenden Vorschriften zu bieten, damit sich Gerichte und Partheien ohne Bedenken über die Richtigkeit der Auffassung darauf stützen können, gab sich auch die äussere Form, bei welcher nur die Vielfältigkeit der bayersichen Civilgesetzgebung Schwierigkeiten bot. Es schien mir aber wegen der großen Masse des Stoffes unrathsam, die verschiedenen Provinzial- und Statutarrechte in einer Abtheilung zusammenzustellen und ich glaube von jeder Seite Billigung hoffen zu dürfen, wenn ich das Gesetz der bayerischen Stammlande, welches zugleich das territorial umfassendste ist, vorausgehen ließ und die Partikulargesetzgebung späteren Abtheilungen vorbehielt, die je nach Verlangen erscheinen werden.

Das erste Heft enthält also den wörtlichen Abdruck des altbayerischen Grundgesetzes mit Auszügen des Wichtigeren aus B. v. Kreittmayr's Anmerkungen hiezu und mit kurzen erläuternden Noten, welche zumeist auf die in den folgenden Heften abgedruckten Gesetze, Vollzugsvorschriften und Präjudizien hinweisen. Daß ich hiebei jede Gelegenheit benützte, auf das erwähnte „Handbuch" von Dr. Rosenkrantz und „das gerichtliche Verfahren gegen Geisteskranke und Verschwender" von Dr. Arnold Bezug zu nehmen, wodurch auch diese Werke dem Systeme des bayerischen Landrechts angepaßt wurden, dürfte wohl erwünscht sein. Die Uebersetzung der Fremdwörter geschah mit Rücksicht auf den Gebrauch des Laien.

Das zweite Heft umfaßt alle bayerischen Gesetze, welche außerhalb des Capitels des bayerischen Landrechts über die Vormundschaft auf dieselbe irgend einen Bezug haben. Wegen dieser Beziehung waren auch viele Artikel aus Prozeß-, Straf- und Verwaltungsgesetzen einzureihen.

Mit dem dritten Hefte folgen die sämmtlichen ganz oder theilweise noch geltenden Vollzugsvorschriften, welche, ohne die Eigenschaft von Gesetzen, theils als allerhöchste Verordnungen, theils als Entschließungen verschiedener Ministerien und Kreisstellen in der Döllinger-Strauß'schen Verordnungen Sammlung, in den Regierungs- und Kreisamtsblättern ꝛc. ꝛc. zerstreut sind. Einen Anhang dieses Heftes bilden mehrere Muster zu Protokollen und Verfügungen für den angehenden Praktiker. —

Im vierten Hefte sind mit kurzen Auszügen die gerichtlichen Erkenntnisse und die wissenschaftlichen Erörterungen gesammelt, welche in dem Regierungsblatte, in den Blättern für Rechtsanwendung, in Seuffert's Archiv, in der Zeitschrift für Gesetzgebung und Rechtspflege, in der Zeitschrift für Gerichtspraxis und Rechtswissenschaft von Stenglein und in der Zeitschrift für das Notariat zwar veröffentlicht aber nicht Jedem leicht zugänglich sind.

Ein fünftes Heft behandelt das Tax-, Stempel- und Depositenwesen, soweit es auf Pflegschaftssachen Bezug hat und gibt eine auf Erfahrung gegründete Anleitung zur Anfertigung und Revision von Pflegschaftsrechnungen, womit wohl einem lange gefühlten Bedürfnisse entsprochen sein dürfte. Denn die oft krasse Unkenntniß der Laien und selbst der allermeisten Gemeindeschreiber des Landes im Rechnungswesen und die bekannte Unlust der Pflegschaftsbeamten zur eingehenden Revision von Rechnungen hat wohl nur ihren Grund darin, weil es ebenso an positiven Vorschriften für die technische Behandlung von Pflegschaftsrechnungen, als an einer brauchbaren Darstellung dieses wichtigen und eine eigene Erlernung voraussetzenden Gebietes der vor- und obervormundschaftlichen Thätigkeit bisher gemangelt hat.

Die Partikulargesetzgebungen und die Neuerungen der Zukunft werden je nach Bedarf in weiteren Heften sich anreihen.

Was nun diese äußerliche Trennung des Stoffes an einem systematischen inneren Zusammenhange vermissen lassen sollte, das dürfte sowohl durch die sorgfältig bearbeiteten gegenseitigen Hinweisungen auf das Verwandte in den erläuternden Noten, als auch durch die chronologischen und vergleichenden Uebersichten eines jeden Heftes und durch die detailirtesten alphabetischen Sachregister zur Genüge ersetzt sein, während umgekehrt ein materielles System eine Zerreißung des Textes der oft vielseitigen Vorschriften bis zur Unkenntlichkeit oder eine lästige oftmalige Wiederholung derselben mit sich geführt hätte.

Demnach übergebe ich mein Werk der Oeffentlichkeit mit dem Wunsche, daß es als ein willkommener Rathgeber freundliche Aufnahme finden möge.

Mühldorf im Februar 1869.

Oskar Reber.

O. Reber's
Bayerisches Pflegschaftsrecht.

Erstes Heft.
Das Grundgesetz.
Churbayerisches Landrecht vom Jahre 1756,
Erster Theil. Siebentes Kapitel:
Von der Pfleg- und Vormundschaft.
(Tutela vel Curatela).

Mit erläuternden Noten

und

mit Auszügen aus den Anmerkungen des Freiherrn von Kreittmayr.

Systematisches Inhaltsverzeichniß zum ersten Hefte.

Churbayerisches Landrecht.

Erster Theil.

Siebentes Kapitel: Von Pfleg- und Vormundschaften.

(Bemerkung: Dieses Heft enthält die 40 Paragraphen des ebenbezeichneten Kapitels aus dem bayerischen Landrechte und zwar jedesmal zuerst den Gesetzestext, dann erläuternde Noten und hierauf Auszüge aus W. v. Kreittmayr's Anmerkungen hiezu.)

§ 1.

Was die Vormundschaft sei? a)

Die Vormundschaft ist eine Gewalt und Macht, Anderen, die sich Alters halber b) selbst noch nicht regieren können, fürzustehen; und sowohl ihre Person als Vermögen in gebührende Obsorg zu nehmen.

Noten zu § 1.

a) Ueber Begriff und Wesen der Vormundschaft vergl. man das Handbuch über das Pflegschaftswesen von Dr. Rosenkrantz § 22, wo es mit Bezug auf die Reichspolizeiordnung von 1577 Titel 32 § 3 u. a. heißt:

„Die Pflegschaft ist ein vom Staate übertragenes Amt, und die in diesem Amte zur Vertretung der Pflegbefohlenen berufenen Personen sind für die Erfüllung ihrer Pflichten in demselben der Obrigkeit, welche sie hiefür aufstellte, verantwortlich, und stehen, so lange ihr Amt dauert, unter beständiger obrigkeitlicher Aufsicht und Leitung."

Vorlesungen von Dr. v. Dollmann über das b. Landrecht § 107—111 (Skripten).

Da nach § 36 Ziff. 2 unten zwischen der Tutel und der Curatel kein Unterschied mehr ist, so sind auch die Ausdrücke: „Curatel, Tutel, Vormundschaft, Pflegschaft; Obervormundschaft, Obervormundschaftsbehörde, Vormundschaftsbehörde (=Gericht), Oberkuratel, Curatelbehörde, Curatelamt, Pflegschaftsbehörde; obervormundschaftlich, vormundschaftsgerichtlich, oberkuratelamtlich, kuratelamtlich; Curator, Tutor, Vormund; Curand, Mündel, Pflegling, Pflegbefohlener, Pupill; kuratorisch, pupillarisch, kuratelmäßig, vormundschaftlich häufig als gleichbedeutend gebraucht. Es ist jedoch üblich geworden, daß der Ausdruck: „Vormundschaft" im engeren Sinne die ordentliche (gewöhnliche, allgemeine) Bevormundung minderjähriger in einer Familiengewalt nicht stehender Personen bedeutet, während man mit dem Worte „Curatel" die außerordentlichen oder besonderen Bevormundungen großjähriger oder minderjähriger Personen (bei letzteren gemeinhin Spezialkuratel genannt) bezeichnet, die Bezeichnung „Pflegschaft" aber alle Arten der Bevormundung unter sich begreift. Das diesem Begriffe ganz entsprechende Wort „Pfleger" konnte sich jedoch wegen seiner staatsrechtlichen Nebenbedeutung im gleichen Sinne noch nicht so allgemein einbürgern, wie das Wort „Vormund" für den ordentlichen, und das Wort „Curator, Spezialkurator" für den außerordentlichen Beschützer. Dagegen begreift das Wort „Pflegling oder Pflegbefohlener" alle Arten der bevormundeten Personen in sich. [Man vergl. Rosenkrantz (in der Folge abgekürzt: „Ros.") § 22, 25, 29; Bl. f. R.-A. XIV, 97.]

b) Vergl. § 2, 35, 36.

Auszüge aus Kreittmayr's Anmerkungen zu § 1.

(Was die Vormundschaft sei?) Tutela bedeutet im Allgemeinen jeden Schutz und Schirm, welchen wir über gewisse Personen und Sachen haben, und in diesem Sinne sagt man z. E. Tutela rerum dotalium, civitatis, viae publicae, aedificiorum etc.; insonderheit aber bedeutet es die Vormundschaft oder Macht und Gewalt, Anderen, die sich Alters oder sonstigen

Mangels halber selbst nicht fürzustehen vermögen, in gebührende Obsorge und Direktion zu nehmen, und zwar im engen Verstand nur jene allein, welche über Unvogtbare (Impuberes) geführt wird, in weitschichtigen Verstand aber auch die sog. Curatel über vogtbare doch minderjährige, blödsinnige, verschwenderische und dergl. Personen oder ihr Vermögen. Von dieser letzteren s. § 35 ꝛc. Von der Tutel im engeren und eigentlichen Sinne aber § 2 ꝛc. — Das deutsche Wort Vormund hat ebenfalls doppelten Sinn, denn bald lautet es soviel als Tutor im engen Verstand, bald aber begreift es auch Curatoren unter sich und hat fast einerlei Bedeutung mit den Worten: Gerhab, Vorsorger, Treuetrager, Pflegvater, Verweser, Vogt oder Anweiser. In den alten Schriften kommen auch die halb lateinischen Worte Mundui, Munduardi, Munteburdi, Muntmanni, Gardinai, Bajuli vielmals vor, welche ebenfalls nichts Anderes als Vormünder bedeuten.

§ 2.

Wer unter der Vormundschaft zu stehen habe? [a])

1. Werden nur unmündige oder unvogtbare Kinder (Impuberes) und zwar die Knaben, welche das vierzehnte, und Mägdlein, welche das zwölfte Jahr ihres Alters [b]) noch nicht hinterlegt haben, mit Vormündern versehen. [c])

2. Solange sie aber noch unter väterlicher oder großväterlicher Gewalt [d]) stehen, hat die Vormundschaft nicht statt [e]); ausgenommen da der Vater, respektive Großvater selbst kuratelmäßig ist, und seinen Kindern nicht vorstehen kann. [f])

3. Wer schon einen Vormund hat, wird nicht weiter bevormundet, außer zu gewissen Handlungen oder nur interims- oder adjunktionsweise [g]), wo es die Umstände also erfordern. [h])

Noten zu § 2.

a) Vergl. § 1, 35, 36. Die §§ 2 und 36 ergänzen sich einander. Ueber Tutela und Cura s. Bl. für R.-A. XIV, 97. — Statutenkollision: Seuff. Archiv Bd. XVI No. 185. Bd. XVII No. 1.

b) Im Hinblick auf § 35 u. 36 endet die Bevormundung, die von da an lediglich einen andern lateinischen Namen annimmt (Curatel statt Tutel) mit dem 14. bezw. 12. Lebensjahre nicht, sondern wird bis zum 21. Lebensjahre fortgesetzt. Nur die Alimentationspflicht wird herkömmlich in den Alimentationsverträgen auf das 12. u. bezw. 14. Lebensjahr beschränkt.

c) Rosenkranz §§ 23, 24, 25, 26, 27, 28.

d) Ueber den Verlust der väterlichen Gewalt vergl. St.-G.-B. Art. 226 u. L.-R. Th. I. Cap. 5 § 7; über Paternität u. Legitimität s. L.-R. Th. I. Cap. 2. § 17. Cap. 3, § 2, 4, Cap. 4 § 3, 9, 10. Cap. 5 § 1, 8, 9, 10. 11; Blätter für Rechtsanwendung V, 17: (Aufhebung der väterl. Gewalt); V, 96, 61: (Einkindschaft); VIII, 103: (Legitimität); IX 411: (Rechtsvermuthung); IX, 169: (Geständniß des Vaters); IX, 31: (Vergleich); X, 414: (Geständniß eines Verschwenders); XI, 123: (Vermuthung); XI, 287: (bei verbotener Wiederverehelichung einer geschiedenen Ehefrau); XI, 282: (Erbrecht der Mantelkinder); XI, 241: (Erbrecht der unehelichen Kinder); XII, 103: (Väterliche Gewalt nach Würzburger Pr. R.) XII, 17: (levis nota macula); XIII, 222: (Geburt in den ersten Monaten der Ehe); XIII, 209: (Rheinpfalz); XIV, 60: (Zeit des Beischlafs); XVIII, 68: (Statutenkollision); XX, 385: (Vaterschaftsklage der Ehefrau gegen einen Dritten); XXI, 29: (Befugniß der ill. Mutter zur Klagestellung); XXII, 303: (Geständniß der Mutter); XXIII, 313: (Exc. plur.); XXIV, 235: (Statutenkollision); XXIV, 351: (Eidesfähigkeit der Mutter); XXIV, 364: (Erbrecht der unehelichen Kinder); XXV, 170: (Habitus des Kindes); XXVI, 172: (Einrede der vorgängigen Schwangerschaft); XXVI, 315: (Erbrecht der unehelichen Kinder); XXV, 413: (Klagrecht der Mutter nach dem Tode des Kindes; XXVIII, 177: (Beurkundung der Vaterschaftsbekenntnisse); XXVIII, 303: (Erbrecht der unehelichen Kinder); XXVIII, 368: (Erbrecht des verehelichten Adoptivkindes); XXX, 257: (Berechnung der kritischen Zeit).

Folgende Plenarbeschlüsse des obersten Gerichtshofes:

Vom 5. Juni 1855, R.-Bl. S. 678: (die civilrechtlichen Ansprüche eines außerehelichen Kindes); vom 16. Dez. 1858, R.-Bl. S. 17: (Schwängerungsklagen nach preuß. L.-R.); vom 7. Jänner 1860, R.-Bl. S. 161: (Einrede der mehreren Zuhälter gegen die Vaterschaftsklage, vergl. Pl.-Beschl. vom 23. Juni 1841, R.-Bl. S. 633: (bei der Deflorationsklage); vom 30. Mai 1851, R.-Bl. S. 658: (Erbrecht der unehelichen Kinder).

Ueber Ersuchschreiben der Vormundschaftsbehörden zur Ermittelung der Vaterschaft und Alimentation, s. J.-M.-E. vom 20. April 1864, J.-M.-Bl. 1864 S. 121.

Beurkundung der Vaterschaftsbekenntnisse und Alimentationsverträge s. J.-M.-E. vom 4. Aug. 1866, J.-M.-Bl. 1866 S. 224. — Verfahren bei Adoptionen, Legitimationen und Namensänderungen s. J.-M.-Bl. I, 33*; III. S. 2; IV. S. 61, 62, 157; Ztschr. f. G.-G. u. Rpfl. I, S. 6; X, S. 401. — Aenderung des Vornamens s. J.-M.-E. v. 8. März 1866, J.-M.-Bl. 1866 S. 62. — Vor- und Zunamen und Stand der Pfleglinge und deren Aeltern: V. v. 13. Juli 1815 § 3, Rof. § 65, 66. — Eintrag des Namens des unehelichen Vaters in die pfarrlichen Geburtsregister: V. v. 25. Juli 1825, R.-Bl 1825 S. 571. —

Seit der J.-M.-E. vom 15. Dez. 1852 (Z. f. G.-G. I S. 6), welche aber keine rückwirkende Kraft hat, dürfen die unehelichen Kinder den Namen des Vaters ohne landesherrliche Genehmigung nicht führen, Rof. S. 134, 135. Außereheliche Kinder von Wittwen oder im Ehebruche erzeugte Kinder führen den Geschlechtsnamen ihrer Mutter, den sie im ledigen Stande hatte Rof. S. 134.

Einer Weigerung der unehelichen Mutter den Vater anzugeben, kann nicht mit Zwangsmitteln begegnet werden, Rof. § 90 Z. 1. —

Bei unbekanntem Aufenthalt des unehelichen Vaters ist alsbald das Ediktalverfahren einzuleiten, Rof. § 90, Z. 2. —

Die Vormundschaftsbehörde hat auf Feststellung der Vaterschaft und Alimentationspflicht durch Vergleich oder Klagestellung hinzuwirken: Rof. § 90 Z. 3. — Ueber Paternität Legitimität, Legitimation und väterliche Gewalt sehe man Seufferts Archiv für Entscheidungen der obersten Gerichte in den deutschen Staaten, insbes. Bd. II. No. 55: Legitimation der Mutter zur Klagestellung auf Anerkennung der Vaterschaft. — Bd. II. No. 118; Bd. III. No. 135; Bd. III. No. 254; Bd. XII. No. 333; Bd. XIV. No. 196; Bd. XIX. No. 212: Statutenkollision. — Bd. II. No. 254; Bd. VIII. No. 229; Bd. XV. No. 98; Bd. XVII. No. 114; Bd. XVIII. No. 109; Bd. XX. No. 10: Ausschließlichkeit der Nativitätstermine. — Bd. XI. No. 11; Bd. XII. No. 161; Bd. XIII. No. 123; Bd. XX. No. 9: Nichtausschließlichkeit der Nativitätstermine. — Bd. X Nr. 170; Bd. XII. Nr. 36; Bd. V. No. 175; Bd. XVIII. No. 108: Nativitätstermine im Allgemeinen. — Bd. V. No. 175: Berechnung der Nativitätstermine. — Bd. XVIII. No. 108: Anwendbarkeit der Nativitätstermine auf uneheliche Kinder. — Bd. IV. No. 51; Bd. IX. No. 167; Bd. X. No. 171; Bd. XVI. No. 117; Bd. XVIII. No. 253: Exceptio plurium. — Bd. IX. No. 167: Exceptio plurium gegen ein öffentliches Mädchen. — Bd. XVI. No. 117: Immissio seminis. — Bd. III. No. 65: Legitimation der im Ehebruch erzeugten Kinder. — Bd. III. No. 343: Verwaltung der Adventitien durch einen testamentarischen Curator. — Bd. IV. No. 234: Vermuthung der V. bei Kindern einer Ehefrau. — Bd. IV. No. 257: Pflegevater und Oheim an sich keine gesetzlichen Vertreter eines Minderjährigen. — Bd. V. No. 292: Voraussetzung der Paternitätsklage einer Ehefrau gegen den unehelichen Stuprator einer Ehefrau. — Bd. VI. 46: Wie vor. — Bd. VI. No. 201: Geständniß. — Bd. VII. No. 197: Vertretung des minderj. Hauskindes durch den Vater. — Bd. VIII. No. 118, 146: Hauskinder. — Bd. VIII. No. 262: Klage ausschließend auf Anerkennung der Vaterschaft unzulässig. — Bd. X. No. 267: Pater est quem nuptiae demonstrant. Beweislast. — Bd. XI. Nr. 199: Paternitätsanerkennung durch einen Minderjährigen. — Bd. XIII. No. 42; Bd. XIV. No. 239: Legitimation der im Ehebruch erzeugten Kinder durch Reskript des Regenten. — Bd. XIII. No. 43; Bd. XV. No. 227: Legitimation solcher Kinder durch nachfolgende Ehe. — Bd. XIII. No. 232: Anerkennung der Vaterschaft. — Bd. XVI. No. 57: Beendigung der väterlichen Gewalt durch separirte Oekonomie. — Bd. XVIII. No. 28: Verschweigung des Namens des Stuprators. — Bd. XIX. No. 9: Pater est quem Nuptiae demonstrant. Gegenbeweis. — Bd. XIX. No. 101: Führung des Namens unehelicher Kinder. Eintragung des Namens des Vaters in das Kirchenbuch. — Bd. XIX. No. 159:

Arrogation eines unehelichen Kindes. — Bd. XIX. No. 289: Statutenkollision zwischen Heimat und Wohnort. — Ueber Adoption und Legitimation vergl. § 22. Note c.

e) Da die außerehelichen Kinder von Geburt an nicht unter väterlicher Gewalt stehen, (Ldr. Thl. I. Cap. 5. § 1, 8) so sind sie sofort unter Vormundschaft zu stellen: V. v. 2. Nov. 1813. (Döll. XV. No. 826.) Ros. § 32. — Der (mütterliche) Großvater außerehelicher Kinder ehelicher Haustöchter hat keine großväterliche Gewalt über solche Enkel, und ist daher förmlich als Vormund für sie zu verpflichten: Ros. § 26 u. 32 letzt. Abs. u. Note 6 hiezu. — Die väterliche Gewalt ruht bei langer Abwesenheit des Vaters: Bl. f. R.-A. XXI. 381.

f) Vgl. § 37 u. St.-G.-B. Art. 28, 29, 32; — Ros. § 25. Note 4.

g) Interims- oder adjunctionsweise — einstweilen oder nebenbei; s. § 31: Nebenvormund; § 32: Ehrenvormund; § 38: Interims- oder Spezial-Curator.

h) Vgl. § 38. —

Auszüge aus Kreittmayr's Anmerkungen zu § 2.

1. . . . Unmündig heißt ein Kind, welches noch nicht sieben Jahre kompletirt hat. Unvogtbar oder Impuberes sind die Knaben unter 14 und die Mädchen unter 12 Jahren komplet. . . . Wir übergehen solchen (Unterschied der Pubertät) hier umsomehr, als derselbe nur in Delictis und Alimentis, nicht aber in Vormundschaftssachen konsiderirt wird. . .

2. 3. . . . Da nun erstens die Vormünder in der That nichts Anderes als Vicarii Parentum sind, so bedarf man jener nicht, so lange die Kinder noch unter der Letzteren Gewalt stehen. . . Solchem nach ist die Vormundschaft lediglich für Waisen und Pupillen, das ist, für solche Personen, welche nicht nur Impuberes sondern auch vaterlos sind. . . . . Nur destomehr gehet drittens die Vormundschaft bei emanzipirten Kindern an, denn es ist auch derjenige ein wahrer Pupill, welcher seinen Vater während der Impubertät per emancipationem verloren hat. (Vgl. Cap. 5. § 7 No. 3.) Viertens hat die Tutel bei Kindern, welche noch sub potestate patria stehen, quoad bona castrensia vel quasi ebenfalls Platz, weil sie in Ansehung dieser Güter pro patribus familias geachtet werden, und ist solchenfalls der Vater selbst während der Minderjährigkeit der Kinder Tutor vel Administrator legitimus juxta Cap. praec. 5, § 4; es sei denn, daß er die Administration hierüber nicht führen will oder nicht kann, welchenfalls man sie Jemand andern übergiebt. . . .

4. Nicht nur Privati, sondern auch Fürsten *) und Herren**) stehen unter der Vormundschaft, solange sie Alters halber zu regieren nicht im Stande sind.

§ 3.

Wer Vormund sein könne?

Jeder kann zum Vormund bestellt werden, ausgenommen folgende:

1) All jene, welche mit solchen Leibs- und Gemüthsmängeln behaftet sind, daß sie sich selbst nicht, geschweigens Anderen recht fürzustehen vermögen; z. E. unsinnige [a]), mondsüchtige, kränklichte, blinde, stumme und taube Personen, deklarirte Verschwender [b]), wie auch Minderjährige [c]), ohngeachtet sie ihrer Person halber Veniam Aetatis [d]) erhalten haben.

2. Geistliche Ordenspersonen.

3. Weibsleute, jedoch mit Ausnahme der leiblichen Mutter und Großmutter [e]).

4. Ketzer und Ungläubige über christkatholische Pupillen [f]).

---

*) Bezüglich der bay. Königsfamilie s. d. Familienstatut im II. Heft A. 15.

**) Bezüglich der Standesherren s. die IV. Verf.-Beilage im II. Heft A. 14.

5. Ehrlose, verleumde oder schlechte Personen, außer über ihres Gleichen [g]).

6. Stiefväter [h]) ohne sonderbar erheblicher und von der Obrigkeit gut befundener Ursache.

7. Churf. wirkliche Räthe und Beamte ohne Churf. gnädigster Erlaubniß, jedoch in Konformität der neuverbesserten Rathsordnung [i]).

8. Wer durch väterliche Verordnung von der Vormundschaft namentlich ausgeschlossen, oder

9. außer Landes wohnhaft, oder sonst von den Pflegkindern und ihren Gütern soweit entsessen ist, daß man ohne große Kosten und Beschwernisse der Vormundschaft nicht wohl abwarten kann.

10. Wer mit des Pflegkinds Eltern in großer Feindschaft gestanden, oder

11. mit dem Pupillen selbst in Streit und Irrung befangen, oder

12. demselben zur Zeit, da die Vormundschaft übernommen werden soll, schon wirklich schuldig ist, oder etwa selbst eine Forderung an ihn hat [k]).

Noten zu § 3.

a) Vgl. § 37.
b) Vgl. § 37.
c) Minderjährige, vergl. § 36 u. § 5 Ziff. 3.
d) Veniam aetatis — Landesherrliche Großjährigkeitserklärung nach § 36 Ziff. 7. Zweitens.
e) Vergl. § 6. Ziff. 7. § 9. Ziff. 3, 4. Ros. § 26 mit Note 1.

f) Ueber Religionsverschiedenheit s. Religionsedikt vom 26. Mai 1818 (Beil. II zur Verf.-Urk.) — J.-M.-E. v. 3. Febr. 1844. (Döll. XXIII. S. 31.) — Bl. f. R.-A. III. 366. Die Appell.-G.-Ausschr. v. 9. Februar 1844 und 9. Mai 1848 im Hefte III. Abth. B. Ziff. 23 u. 26. — Bezüglich der Juden gelten fortan die nemlichen Normen wie für Christen. Insbesondere sind die Vorschriften außer Kraft gesetzt, welche in Vormundschaftssachen, die Juden nach Mosaisch-Sabbinischem Recht beurtheilt werden lassen, z. B. in der Oberpfalz. Ges. v. 29. Juni 1851. — In Beantwortung der Frage, ob ein Jude Vormund oder Curator von Christen werden kann oder nicht, ist zu unterscheiden zwischen jenen Rechten, in welchen diese Unfähigkeit nicht als Ausnahmsbestimmung gegen die Juden erscheint und zwischen jenen, in welchen dieß der Fall ist. Im ersteren Falle können Juden auch jetzt noch so wenig Vormünder über Christen sein wie umgekehrt; im letzteren Falle aber erscheint die Ausschließung der Juden aufgehoben. — Gotthelf, die Rechtsverhältnisse der Juden, 1852. § 17.

g) Ueber die strafrechtlichen Ausschließungsgründe s. Heft II, insbes. Art. 28, 29, 75 78, 84 des Str.-G.-B. v. 10. Nov. 1861.

h) Stiefväter. Die außerehelichen Väter sind zwar ausdrücklich nicht ausgeschlossen, doch jedenfalls nach Ziff. 12, häufig auch nach Ziff. 11 des § 3 untauglich. Vgl. Note c zu § 5; Note b zu § 6. -- Vergl. Seuffert's Archiv Bd. XII, No. 276 (Stiefvater eines außerehelichen Kindes als Vormund). — Vergl. Note b zu § 6. — Bezüglich der Bewandten eines unehel. Vaters s. V. v. 2. Nov. 1813, Heft II A, Z. 11.

i) Vergl. A. Reskr. v. 30. Sept. 1819 (R.-Bl. 1819. S. 937), aufgehoben durch V. v. 10. Merz 1868. (R.-Bl. S. 449).

k) Vergl. § 5 Ziff. 4, § 24, Ziff. 7. — Seuffert's Archiv Bd. X, No. 268; Bd. XII, No. 47; Bd. XIX, No. 101.

Auszüge aus Kreittmayr's Anmerkungen zu § 3.

1. . . . Sogar jene, welche veniam aetatis erlangen, müssen mit der Vormundschaft über Andere so lange pausiren, bis sie zur ordinären Volljährigkeit kommen; und ein Gleiches ist zwar auch bei minderjährigen Müttern de jure Romano, nicht aber de jure Germanico et Bavarico zu statuiren. Aus der nemlichen Raison, welche die Minderjährigen von der Vormundschaftsführung ausschließt, scheinen zwar auch die annoch sub potestate patria stehen-

den Söhne ausgeschlossen zu sein, allein, da man dieser letzteren halber keinen Text aufweisen kann, welcher ihnen dießfalls im Wege stünde, und hiernächst das Vormundschaftsamt unter die Munera publica gehört, worin die Söhne pro patribus familias geachtet werden, so kann man sie auch deßwegen, weil sie noch sub potestate patria stehen, ab hoc munere nicht ausschließen.

2. Bei der Geistlichkeit ist zwischen Ordens- und anderen Geistlichen zu distinguiren. Jene schließt sowohl Jus commune in Nov. 123 C. 5. als unser Codex von Vormundschaften aus, weil sie ohne Wissen und Willen ihres Oberen nec nolle nec velle haben. Das Nemliche statuirt allegirte Novelle auch von Bischöffen, wohingegen die übrigen Weltgeistlichen a tutela tamquam munere personali zwar immunes et excusabiles nicht aber gänzlich davon exkludirt und inhabil sind; vielmehr thun sie ein gar löbliches Werk, wenn sie sich zumal um arme verlassene Waisen annehmen C. 26. Diss. 86. Der protestantischen Geistlichkeit wird von ihren Religionsgenossen hierin keine Diffikultät gemacht. . .

3. . . . Nebstdem findet sich auch eine Ausnahme bei der Mutter und Ahnfrau, wie es nicht nur Jus commune, sondern auch zum Theil das Recht der Vernunft selbst und Usus gentium sowohl bei hohen als niedern Standespersonen wegen der zarten Liebe und Affektion womit die Mutter und Großmutter ihren Kindern und Enkeln attachirt ist, mit sich bringt, sofern sie anders einen ehrbaren Lebenswandel führt und bei ihren Kindern bleibt, auch sonst keine andere rechtliche Hinderniß im Wege steht, massen allhier die Rede nur von dem Impedimento Sexus ist. Obgedachte Minderjährigkeit hindert die Mutter wenigst de Jure Germanico et Bavarico hierin keineswegs, theils weil sie pro minorenni nicht mehr geachtet wird, theils weil keine Gefahr obhanden ist, indem ihr allezeit ein oder zwei Nebenvormünder oder Beiständer zugegeben werden; doch versteht sich dieses alles nur von leiblichen, nicht aber von Stiefmüttern, als welche nicht einmal per testamentum zu Vormünderinen ernannt werden mögen und ebensowenig auch von Matribus adoptivis, amitis, materteris, quae alias loco matrum habentur. Ob aber die Vormundschaft auch der leiblichen Urgroßmutter gebühre ist streitig, doch liegt nicht viel an diesem Zweifel; denn der casus ist rarissimus et vix dabilis. Das Uebrige von der tutela materna sieh unten § 6 n. 1.

4. 5. Das römische Recht sieht die Vormundschaft als ein bloßes onus an und bürdet solches auch Ketzern, Ungläubigen, ehrlos Verleumdeten oder schlechten Personen auf, ohne denselben eine Entschuldigung hierunter zu gestatten. De Jure Germanico et hodierno hiegegen sind alle Munera publica, worunter auch das Vormundschaftsamt gehört, mit einer gewissen Dignität verknüpft, folglich sind obverstandene Personen allerdings davon ausgeschlossen, es seien denn die Kinder ejusdem conditionis, wie der Vormund selbst. Ob der Unterschied des Glaubens, soviel die im Reiche tolerirte Religionen betrifft, hierinfalls etwas mache, ist streitig . . . jedenfalls aber mit solcher Praecaution, daß die Religion nicht dabei zu leiden habe. In paritätischen Orten, z. B. in Augsburg wird es also beobachtet, daß man Kindern von protestantischen Eltern protestantische, von katholischen katholische Vormünder gibt, sind aber die Eltern unterschiedlicher Religion, so bekommen die Söhne Vormüder von des Vaters und die Töchter von der Mutter Religion.

6. Bezüglich der Stiefväter wird vorzüglich auf die Person und Mores des Stiefvaters gesehen. . . .

7. De Jure Bavarico aber sind churfürstliche Räthe und Beamte von aller Vormundschaft, Curatel- und Beistandsleistung (ausgenommen soviel nahe Blutsfreunde oder verstorbener Collegen Kinder betrifft) ohne churfürstlicher Erlaubniß ausgeschlossen. Decret. Elect. 6. Junii 1698. Neu verbesserte Rathsordnung Art. 1. § 7.

8. Auch wer von der Mutter die Exclusivam bekommt bleibt ausgeschlossen. Ob aber die Mutter selbst oder der nächste Agnat von dem Vater Exclusivam zu leiden schuldig sei, ist streitig, und hindert hieran nicht, daß der Mutter die Vormundschaft etwan per Pacta dotalia stipulirt worden sei.

9. . . . Falls die Pupillen nicht mit dem Vormund, sondern nur unter sich streiten, so bleibt er zwar Vormund über Beide, doch gibt man einem von Beiden Curatorem ad Litem.

11. 12. Debitor vel Creditor pupilli. . . Mütter und Großmütter werden hierinfalls ausgenommen. Eine weitere Limitation siehe unten § 5. n. 4.

13. Verdachts halber werden für inhabil angesehen, welche sich selbst einzubringen suchen, ohne daß sie ex Testamento vel Lege wenigstens einen scheinbaren Anspruch zur Vormundschaft haben. . . . Zwischen In- und Auswärtigen macht das Jus privatum sofern keine besondere Statuta vorhanden sind, der Vormundschaft halber keinen Unterschied, doch kann

keine Obrigkeit ex defecto Jurisdictionis einem Extraneo solche auftragen, sondern, wenn er in testamento benannt ist, oder sich sonst brauchen lassen will, so geht der Auftrag durch Requisitionsbrief. . . .

§ 4.

Unterschied der Vormundschaft. [a])

Die Vormundschaft wird entweder in Kraft eines letzten Willens, oder nächster Blutsverwandtschaft wegen, oder aus obrigkeitlichem Befehle übernommen. Die erste heißt Testamentaria [b]), die andere Legitima [c]), die dritte Dativa [d]); es soll aber die letztere andergestalt nicht, als in Ermangelung der zweiten, und diese ebenfalls nur bei ermangelnder Testamentaria Platz greifen [e]).

Noten zu § 4.

a) Rosf. § 28.
b) testamentaria = testamentarisch berufene s. § 5.
c) legitima = gesetzlich, (natürlich) berufene s. § 6.
d) dativa = obrigkeitlich berufene s. § 7.
e) Auch ist wohl zu beachten, was jeder Vormund nach § 9 vor Antretung der Vormundschaft zu beobachten habe.

Auszüge aus Kreittmayr's Anmerkungen zu § 4.

1. . . . Die Meinung, daß es keine andere Speciem Tutelae als dativam mehr gebe, gründet sich lediglich auf die obrigkeitliche Confirmation, ohne welche heutzutage keine Vormundschaft mehr bestehen kann. Es wird aber dadurch nur die Bestellung und Bestätigung mit einander vermischt.

2. (Weitere Eintheilung der Vormundschaft nach dem modus constituendi et administrandi.) —

§ 5.

Tutela testamentaria. [a])

Vater und Großvater haben

1. das Recht, den bei ihren Hintritt annoch unter väterlicher respektive großväterlicher Gewalt stehenden unvogtbaren Kindern oder Enkeln einen oder mehr Vormünder mittels letztwilliger Disposition [b]) zu verordnen; die Mutter hingegen, wie auch andere mit väterlicher Gewalt nicht begabte Personen [c]) sind

2. dessen nur soweit befugt, als sie den Kindern etwas hinterlassen, und wegen Administrirung [d]) sothanen Guts besondere Anordnung machen.

3. Sind zwar die § praec. 3 [e]) benannte Personen von der Tutetala Testamentaria regulariter [f]) ausgeschlossen, wann aber gleichwohl in dem väterlichen oder großväterlichen letzten Willen ein Minderjähriger zum Vormund benannt ist, so bestellt die Obrigkeit mittlerweile und in so lange, bis der Tutor Testamentarius [g]) großjährig wird, einen Interimsvormund [h]) deßgleichen wann

4. der Vater Debitorem vel Creditorem Pupilli [i]) zum Vormund bestellt und aus der Disposition selbst oder sonst genug erscheint, daß er von der Schuld oder Forderung gute Wissenschaft gehabt hat, so bleibt es zwar bei dieser Bestellung, jedoch dergestalt, daß neben ihm auch noch ein Curator

von der Obrigkeit benannt wird, um den Pupillen gegen seinen Vormund selbiger Schuld oder Forderung halber gebührend zu vertreten.

5. Kann Tutor Testamentarius unter gewisser Bedingniß oder auf gewisse Zeit von dem Vater ernannt werden, welchenfalls die Obrigkeit pendente Conditione [k]) oder vor bestimmter Zeit mittels bestellender Interimskuratel [l]) nöthige Vorsehung thut. Dafern auch

6. der väterliche Willen aus Abgang der erforderlichen Zierlichkeit [m]) oder anderen Mangels halber nicht bestehen kann, so wird doch dadurch die hierin beschehene Vormundschaftsordnung nicht kraftlos, wann man nur von des Vaters Intention [n]) genugsam gesichert ist, im Uebrigen hat es

7. dem alten deutschen Gebrauch und Herkommen nach mit Vormündern, welche von dem Vater auch außer letztwilliger Disposition auf andere Art benannt, oder gar durch Heiraths- und Familienpakta verordnet sind, die nemliche Bewandniß, wie mit Tutoribus Testamentariis.

Noten zu § 5.

a) Tutela testamentaria = testamentarisch berufene Vormundschaft s. § 4.
b) Letztwillige Disposition = letztwillige Verfügung; vergl. § 5. Z. 6 u 7.
c) also namentlich auch die außerehelichen Väter. L.-R. Thl I. Cap. 5. § 1. § 8—11. —
d) Administrirung = Verwaltung. —
e) § pho praec. 3 — im vorausgehenden Paragraphen (§.) 3.
f) regulariter = regelmäßig. —
g) tutor testamentarius = testamentarisch berufener Vormund. —
h) Interims-Vormund = Zwischenvormund. s. § 38.
i) debitorem vel creditorem pupilli = den Schuldner oder Gläubiger des Pfleglings. — Vergl. Seuff. Archiv. Bd. X. No. 268. — S. oben § 3 No. 12 u. § 24 Ziff. 7.
k) pendente conditione = solange die Erfüllung der Bedingung schwebt (ungewiß ist). —
l) Interimscuratel = Zwischenvormundschaft; s. § 38.
m) Zierlichkeit = Rechtsförmlichkeit nach L.-R. Thl. III. Cap .2. § 3—10. 13. Cap. 3. § 1—29.
n) Intention = Absicht.

Auszüge aus Kreittmayr's Anmerkungen zu § 5.

1. . . . Ist schon oben vorgekommen, daß die Vormundschaft überhaupt nur für vaterlose Kinder sei, derowegen sich Jus tutelae testamentariae auf Enkeln nicht erstreckt, wenn ihr Vater noch lebt, unter dessen Gewalt sie post mortem avi eintreten. . . Minderjährige gemäß § 36 und Posthumi vel Exhaeredati können ebenfalls auf solche Art bevormundet werden.

6. 7. Gleichwie der Vater tutorem testamentarium allemal nach eigenem Belieben wiederum abändern kann, also steht ihm ein Gleiches in Ansehen des Tutoris pactitii auch ohne dessen Einwilligung jederzeit frei.

§ 6.

Tutela legitima. [a])

Wann entweder keine Tutela Testamentaria verordnet ist, oder die verordnete nicht zum Stand kommt, so fällt

1. die Vormundschaft auf des Pupillen nächste Blutsverwandte, und zwar vorzüglich auf den Vater [b]), so weit die Kinder nicht mehr unter seiner

väterlichen Gewalt stehen, sodann auf die Mutter, hernach auf die Großeltern und zwar zuvorderst auf die von väterlicher Seite; endlich aber nach Abgang der aufsteigenden Linie auf die nächsten Seitenverwandte der Ordnung nach, wie sie sonst ab Intestato zu succediren [c]) pflegen, ohne Unterschied der Cognation [d]) oder Agnation [e]), ausgenommen soviel

2. die Mannslehen und Fideicommissa Familiae [f]) betrifft, in deren Verwaltung die Agnaten [g]) den Cognatis [h]) sowohl von der Collateral- [i]) als aufsteigender Linie allzeit vollzogen werden. Das Eintretungsrecht (Jus Repraesentationis) [k]) hat

3. hierinfalls wie in Erbfällen unter ihnen Platz; und da nun

4. mehr Anverwandte von gleichem Grad vorhanden sind, so gebührt ihnen auch die Vormundschaft miteinander. Ein Tutor Legitimus [l]) muß

5. zur Vormundschaft tüchtig [m]) sein, dergestalt, daß der nächste Unfähige von den zwar weiter Gesippten [n]), aber Fähigen ausgeschlossen wird; welches auch

6. bei minderjährigen Befreunden [o]), jedoch nur so lang, bis sie zu vollen Jahren gelangen, beobachtet, und mittlerweil die Vormundschaft den übrigen Befreunden oder anderen von der Obrigkeit übertragen werden soll. Bei der Mutter und Großmutter ist

7. zu unterscheiden, ob ihr die Vormundschaft durch letzten Willen, Heirathsgeding [p]) und andere dergleichen väterliche Disposition [q]) ausdrücklich übertragen worden oder nicht. Letzternfalls sollen ihr zwei ordentlich verpflichtete Mitvormünder und zwar vorzüglich aus des Pupillens [r]) nächsten Befreunden [s]), erstenfalls aber nur zwei unverpflichtete Beiständer [t]) zugegeben werden, welche allenfalls, wenn sie schlechte Hauswirthschaft von ihr verspüren, der Obrigkeit alsogleich gebührende Anzeige hierüber thun sollen.

8. Wann die Anverwandten über die Fähigkeit, Nähe des Grades oder sonst miteinander der Vormundschaft halber streiten, so soll die Obrigkeit bis zu Austrag der Sache nöthige Interimsbestellung [u]) machen.

Noten zu § 6.

a) Tutela legitima = gesetzlich (natürlich) berufene Vormundschaft. —

b) Vater = natürlich nur den ehelichen. Ueber den Ausschluß des unehelichen Vaters und seiner Verwandten s. V. v. 2. Nov. 1813. Döll. XV. S. 826 XIII. S. 758. Vergl. Note h zu § 3.

c) ab intestato zu succediren = zur natürlichen Erbfolge berufen zu sein. (L.-R. Thl. III. Cap. 12.)

d) Agnation = Verwandtschaft durch Abstammung von einem gemeinschaftlichen Geschlechtsvater durch lauter Mannspersonen (Schwertmagschaft) L.-R. Thl. I. Cap. 4. § 5.

e) Cognation = Spielmagschaft, Verwandtschaft durch Abstammung von einem gemeinsamen Stammvater mittels der Frauenspersonen. L.-R. Thl. I. Cap. 4. § 5.

f) Fideicommissa familiae = Familienfideikommisse nach L.-R. Thl. III. Cap. 10.

g) Agnaten = Verwandte durch männliche Abstammung s. oben Note d.

h) Cognatis = Cognaten, Verwandte durch weibliche Abstammung s. oben Note e.

i) Collaterallinie = Seitenlinie. L.-R. Thl. I. Cap. 4 § 5 No. 5.

k) Jus repraesentationis = Eintretungsrecht. L.-R. Thl. III. Cap. 12. § 1. —

l) Tutor legitimus = gesetzlich (natürlich) berufener Vormund. —

m) tüchtig = s. § 3.

n) gesippten = verwandten s. L.-R. Thl. I. Cap. 4. § 5.

o) Befreunden = Verwandten (und nicht: Freunden).
p) Heiratgeding = Ehevertrag.
q) Disposition = Verfügung, Anordnung.
r) Pupillens = Mündels, Pfleglings; (s. Note a zu § 1.)
s) Befreunden s. Note o.
t) Beiständer s. § 40.
u) Interimsbestellung = Bestellung eines Zwischenvormunds nach § 38. — Verfahren, wenn mehrere Verwandte berufen sind: Seuff. Archiv Bd. IX. No. 176.

Auszüge aus Kreittmayr's Anmerkungen zu § 6.

1. Warum die Deszendenten, welche sonst in Ordine successionis allezeit die Nächste sind, hier in keine Consideration kommen, ist leicht zu begreifen, weil Impuberes, wovon hier die Rede ist, noch gar keine, geschweigens eine solche Deszendenz haben können, welche zur Vormundschaft tüchtig wäre. Blutsverwandte ex copula illicita haben nur soweit ein Recht zur Vormundschaft, als sie successionsfähig sind. . . . .

§ 7.

Tutela dativa. [a])

Bei ermangelnder Tutela testamentaria et legitima [b]) wird

1. die Vormundschaft von der ordentlichen, d. i. von jener Obrigkeit [c]) bestellt, worunter des Pupillens Vater zur Zeit des Todes seine ordinari [d]) Wohnstadt, oder da er eine gefreite Person gewesen [e]), sein Forum privilegiatum [f]) gehabt hat; wobei

2. zuvörderst auf die Fähigkeit der Person gesehen und keiner, der laut vorgehenden § 3 von der Vormundschaft ausgeschlossen ist, hierzu gebraucht werden solle.

3. Gebührt sich in Tutela dativa keineswegs, daß die Bestellung nur unter gewissen Bedingnissen oder auf gewisse Zeit [g]) geschehe.

4. Wann sich unter den Obrigkeiten ein Streit, über das Recht die Vormundschaft zu bestellen, ereignet, soll solche provisionaliter [h]) von der nächst höheren Obrigkeit [i]) bestellt werden.

Noten zu § 7.

a) Tutela dativa = obrigkeitlich berufene Vormundschaft. — s. § 6.
b) Tutela testamentaria et legitima = testamentarisch und natürlich berufene Vormundschaft. s. § 5, 6.
c) Ordentliche Obrigkeit des Wohnorts (forum domicilii) ist nach Art. 18, 19, 66 und 67 des G.=V.=G. v. 10. Nov. 1861 und G.=O. Cap. 1 § 3 dasjenige Stadt= od. Landgericht, in dessen Amtsbezirk des Pfleglings Vater seinen ständigen Wohnsitz hatte, und wovon nur die standesherrlichen Familienglieder befreit sind; Bl. f. R.=A. XVI. 369. — Bezüglich der außerehelichen Kinder s. G.=O. Cap. 1 § 3; Bl. f. R.=A. XVI. 371. — Bei Wohnortsveränderung s. Bl. f. R.=A. XVIII. 33. 277. XX. 17*. — Competenzkonflikte s. Ges. v. 28. Mai 1850, die Competenzkonflikte b., wonach das den sämmtlichen streitenden Gerichten zunächst vorgesetzte Obergericht (Bezirks=, Appellations=, Oberappellationsgericht) (G.=V.=G. Art. 29. 30. 43) entscheidet. Competenzkonflikt zwischen Gerichten und Notaren fällt nicht unter das Gesetz v. 28. Mai 1850, sondern wird lediglich auf dem Beschwerdewege entschieden, s. Z. f. das N. 1864. S. 69. — Competenz aus Zweckmäßigkeitsgründen: Bl. f. R.=A. XIX. 85*.

XXIX. 329. — Competenz bei mehrfachem od. veränderten Wohnorte: Bl. f. R.=A. XX 24. XXIII. 81. Seuff. Arch. Bd. VI. No. 49. Bd. XIV. No. 185. Bd. XIX. No. 240. — Bei Verbringung in eine Irrenanstalt: S. A. Bd. X. No. 12. — Zeit der Anhängigkeit einer Curatel: S. Archiv Bd. VI. No. 258. Competenz auf Ableben der Mutter: S. Archiv Bd. X. No. 62. — Competenz des Wohnorts, = nicht Heimatsgerichtes. S. Archiv Bd. XI. No. 299. — Statutenkollision: S. Arch. Bd. XIII. No. 181. — Competenz zufolge letztwilliger Verfügung: S. Arch. Bd. XIX. No. 239. — Nichtstreitiger Gegenstand: Bl. f. R.=A. XXV. 401. — Competenz zur Alimentenvertragsbeurkundung: Bl. f. R.=A. XXVIII. 177; J.=M.=E. v. 20. April 1864. (J.=M.=Bl. 1864. S. 121); J.=M.=E. v. 4. Aug. 1866. (J.=M.=Bl. 1866. S. 224). — Unzuständigkeit des Oberappellationsgerichts in Pflegschaftssachen; f. Bl. f. R.=A. XXX. 221. — Vergl. die Noten zu § 29. — Prüfungsrecht des requirirten Richters: Seuffert's Archiv Bd. I. No. 113.

d) Ordinari Wohnstatt = ordentlicher Wohnort. Vergl. Note c. e. f. Wohnsitz der Kinder; Handlungskommis: S. Arch. Bd. XV. No. 184. — Gerichtsstand des im Auslande wohnenden Inländers: S. Arch. Bd. XVI. No. 73. — Zuständigkeit bezüglich ausländischer Forderungen: Seuff. Archiv. Bd. IV. No. 130. — Vergl. § 12 Note 14. — Für Unterthanen eines andern Staates: Seuff. Archiv Bd. IV. No. 131.

e) Obervormundschaft in standesherrlichen Vormundschaftssachen: IV. Verf.=Beil. § 10. (Hdb. des b. St.=B. Bd. I. S. 267.) G.=V.=G. v. 10. Nov. 1861. Art. 76. — V. v. 9. Dez. 1825. § 59. (R.=Bl. 1825. § 977; Hdb. III. S. 308). — Bl. f. R.=A. X. 188. 236. — XI. 360. — XII. 129. — XXIX. 55. XXXI. 86. — Vergl. Note f.

f) Forum privilegiatum = Privilegirter Gerichtsstand: G.=O. Cap. I. § 11. Die privilegirten (bevorzugten) Gerichtsstände der Standesherrn, der erblichen Reichsräthe, der Adeligen, der Geistlichen, der höheren Staatsbeamten, des Fiskus, sowie der Offiziere und der im Offiziersrange stehenden Militärbeamten sind aufgehoben durch das G.=V.=G. v. 10. Nov. 1861. Art. 76. — Nur bezüglich der Verlassenschaften und Vormundschaften sind den standesherrlichen Familiengliedern besondere Vorrechte durch das G.=V.=G. Art. 76. Abs. 3 nach Maßgabe des § 10 der IV. Verf.=Beil. vorbehalten worden. Vergl. Note e.

g) Vergl. § 5, Ziff. 5.

h) Provisionaliter = provisorisch, vorsorglich.

i) Ges. v. 28. Mai 1850. Die Competenzkonflikte betr. Art. 14. G.=V.=G. v. 10. Nov. 1861. Art. 29. 30. 43. —

Auszüge aus Kreittmayr's Anmerkungen zu § 7.

1. 2. zc. . . Ganz anders sieht die Sache viertens de Jure Hodierno et Germanico bei uns aus, denn da ist die Vormundschaftsstellung ein unstreitiger Effectus ordinariae et bassae jurisdictionis. Reichspolizeiordnung de anno 1576 T. 32. § 1. . . wobei man aber auch Competentias Judicis und daß der Pupill unter selbige Jurisdiction gehörig sei, allzeit supponirt, welches ex capite domicilii, vel rei sitae geschehen kann, doch siehet man allzeit mehr auf das erste als das andere, weil jenes Personam Pupilli mehr betrifft, folglich aus obverstandenem principio, quod Tutor magis Personae detur quam rebus, in vorzügliche Consideration kommt. Und da nun fünftens der Pupill für sich selber ein Domicilium nach Belieben zu erwählen nicht berechtigt ist, (Cod. Jud. Bav. Cap. 1. § 3 in Not. 2) so schauet man bei ihm lediglich ad forum originis, nemlich dorthin, wo sein Vater tempore mortis sein Domicilium gehabt, womit der Codex ebenfalls einstimmt, sohin alle weitere Controvers, welche sich ratione bonorum alibi sitorum ergeben könnte, wenigstens quoad bona in Territorio Bavarico sita gänzlich abschneidet. . . . Hat nun sechstens der Vater des Pupillens zur Zeit seines Absterbens das Domicilium an mehreren Orten hergebracht, so kommt es ad Jus Praeventionis an. Cod. jud. l. c. Ist er aber eine gefreite Person gewesen, und hat Forum Privilegiatum gehabt, so wird die Vormundschaft nicht ab Ordinario loci, wo er sich aufgehalten, sondern von jener Obrigkeit bestellt, worunter er seiner Befreiung nach gestanden hat. Sofern endlich domicilium paternum zweifelhaft oder ungewiß ist, so verfährt die Obrigkeit des Orts, wo sich der Pupill pro illo tempore befindet. Unter mehreren Obrigkeiten, welche sich selbst einander subordinirt sind, gebührt siebentens die Bestellung der nächsten, worunter nemlich der Pupill immedite steht, es wären denn Judex immediatus et inferior hierin säumig, welchenfalls superior et mediatus z. B. der churfürstliche Hofrath dem hiesigen

bürgerlichen Magistrat mit Bevormundung eines unter bürgerlicher Stadt-Jurisdiktion immediate stehenden Bürger-Kinds wohl vorgreifen mag. . . Das Privilegium aber, Kraft dessen der bayerische Adel vi § phi sequ. 9. n. 5 einen aus ihren Mitteln zum Vormund zu erwählen hat, ist nicht soviel eine Bestellung der Vormundschaft, als ein Vorschlag, weil solcher ohne obrigkeitlicher Bestätigung nicht bestehen kann. . . . Und weil sich die geistliche Obrigkeit vermöge kündiger Reichskonstitutionen in die Causas saeculares nicht einmischen darf, so fällt obbemeldetes Jus Episcopale circa Tutelas Personarum Saecularium ebenfalls weg; wohl hingegen kann die weltliche Obrigkeit einem Geistlichen Curatorem setzen, soweit es hierin mehr um die bona als Person zu thun ist. Delegatio jurisdictionis hat eilftens soweit hierin Platz, als dergleichen auch sonst in andern Dingen geschehen mag. Wo aber besondere Vormundschaftsgerichte angeordnet sind, da pflegt man auch die Vormünder durch sie bestellen zu lassen. Ereignet sich zwölftens etwa ein Streit unter den Obrigkeiten über das Recht der Vormundschaftsbestellung, so greift einstweilen die nächst höhere Obrigkeit vor und thut bis zu endlichen Austrag der Sache modo provisorio nöthige Vorsehung, ausgenommen, wenn sich eine von den litigirenden Obrigkeiten in notoria possessione dandi tutorem befindet, welchenfalls sie auch in dem Besitz lite pendente manutenirt wird. — Keine Obrigkeit kann sich dreizehntens selbst zum Vormund ernennen, theils weil sie sich nur dadurch verdächtig macht, theils weil es gegen den Mann geht, daß man sich selbst etwas befehle. Es hat auch vierzehntens keine Bestellung hierin statt, welche nur unter gewisser Bedingniß oder auf gewisse Zeit geschieht, und derowegen gehet auch bei gegenwärtiger Tutel nicht so, wie bei den vorigen an, daß man Blödsinnige oder Minderjährige eventualiter bestellt, sondern der Bestellte muß das Amt antreten zu können gleich im Stande sein.

§ 8.

Wer um die Bevormundung ansuchen möge oder solle?

Um die Vormundschaft eines Pupillen mag

1. Jedermann von der ganzen Gemeinde, sogar der Pupill selbst, sonderbar aber jene, welche etwa einer an ihn habenden Forderung oder anderer Ursach halber daran liegt, bei der gehörigen Obrigkeit ansuchen; die nächsten Anverwandten hingegen, wie auch die vom Vater benannten Tutores testamentarii [a]) sind

2. darum anzusuchen schuldig, und zwar längst inner dreißig Tagen von der Zeit an, da sie Wissenschaft von dem Vormundsfall haben, bei Vermeidung willkührlicher Straf und Ersetzung alles Schadens, welcher dem Pupillen durch längere Nachsicht zuwachset.

3. Liegt der behörigen Obrigkeit auf dem Fall, wann sich Niemand darum meldet, von Amts wegen und bei der nemlichen Straf zeitlich dafür zu sorgen allerdings ob [b]), was aber Jemand

4. um sothaner Bevormundung willen redlicher Weis aufgewendet hat, das soll man ihm von des Pupillens Vermögen wiederum vergüten [c]).

Noten zu § 8.

a) Tutores testamentarii = Testamentarisch berufene Vormünder s. § 5.

b) Vergl. die Note d zu § 29 und überhaupt den Abschnitt dieses Werkes über die Vollzugsvorschriften. — Ros. Anfall § 38, 69—71; Bestellung § 72, 73. — Die Gerichte sind verbunden, für die Bevormundung eines unehelichen Kindes zu sorgen, sobald sie von dessen Geburt Nachricht erhalten. V. v. 2. Nov. 1813. Döll. XV. S. 826. XIII. S. 758. — Die Geburtsanzeigen unehelicher Kinder sind von den Pfarrämtern monatlich in tabellarischer Form anzuzeigen. M.-E. v. 11. Juni 1841. (lithogr.) Ros. § 38 Note 2. — Ueber die Erstattung u. Formulirung der Todesanzeigen s. M.=E. d. Innern v. 26. Nov. 1866 (J.=M.=Bl. 1866. S. 351). — Mit diesen Vorschriften sind offenbar die Spezialvorschriften über die Verpflichtung der Pfarrämter zur Anzeige der Todesfälle überhaupts und insbesondere derjenigen der unehelichen Kinder stillschweigend aufgehoben. — Anfall der Pflegschaft beim Wechsel der Competenz s. Nos. § 38 e. — Neue Bestellung beim Tode des Vormunds ꝛc. vergl. § 22 Ziff. 4. — Die Bestellung der Vormünder soll binnen 4 längstens 6 Wochen nach dem Pflegschaftsanfalle erfolgt sein. Krankheit oder Abwesenheit der Mutter, welcher zwar der Vorschlag in der Regel überlassen wird, ist keine Hinderungsursache. Nos. § 72.

c) Vergl. § 15, Z. 5.

Auszüge aus Kreittmayr's Anmerkungen zu § 8.

1. 2. 3. . . . Allermassen dieses Begehren (um Bevormundung) jederzeit und sogar an Sonn= und Feiertag geschehen kann, weil es Causa pia et privilegiata ist. . . . . Doch fängt dieser (30tägige) Termin natürlicher Weise erst von der Zeit an, da die nächste Anverwandte den Todfall und die Testamentarii den väterlichen Willen per publicationem testamenti oder sonst in Erfahrung gebracht haben. . . Unter der bisherigen Obrigkeit, allwo das Ansuchen geschehen soll, ist hier keine andere verstanden als jene, welche nach § 7 jus dandi Tutores hat. . . . Was hingegen Jemand um sothaner Bevormundung wegen redlicher Weise aufwendet, das wird ihm ex negotiorum gestione von des Pupillens Vermögen allerdings wiederum ersetzt, sofern Niemand anderer konkurrirt, der dieses gratis für den Pupillen hat verrichten wollen.

§ 9.

Was der Vormund vor Antretung der Vormundschaft zu beobachten habe?

Man soll sich

1. bei schwerer Straf weder aus väterlicher Anordnung, noch obrigkeitlichen Befehl, oder von Anverwandtschaftswegen der Vormundschaft unterziehen, ohne daß vorher erstlich die gewöhnliche Pflicht nach Maaßgab folgenden § 10 abgelegt [a]); und zweitens, da es die Obrigkeit für nöthig finden würde, durch Bürgschaft oder sonst genugsame Kaution [a*]) geleistet, sofort auch drittens die obrigkeitliche Bestätigung erfolgt, und endlich viertens über des Pupillens sämmtliches Vermögen ein legal und förmliches Inventarium [b]) errichtet worden ist. Der Vater allein ist

2. als Vormund der in seiner väterlichen Gewalt nicht mehr stehenden Kinder dieser Obliegenheit so weit entübriget, daß er weder Pflicht ablegen, noch obrigkeitliche Confirmation [c]) und Bestätigung begehren, viel weniger ohne anscheinender großer Gefahr Kaution leisten, oder ein förmliches Inventarium errichten, sondern statt dessen nur eine summarische Spezification [d]) verfassen darf [e]); die Mutter hingegen kann sich

3. obiger Schuldigkeit so wenig als andere Vormünder entschlagen; und ob sie wohl

4. nach hierländischem Gebrauch und Herkommen weder auf die zweite Ehe, noch ihre weiblichen Freiheiten [f]) vor angetretener Vormundschaft ausdrücklich zu renunciren [g]) verbunden ist, so wird dieselbe doch mittels der Antretung in beiden Stücken soweit pro renunciata [h]) gehalten, daß sie sich gegen den Pupillen ihrer Freiheiten nimmermehr gebrauchen darf, und durch

die weitere Ehe der Vormundschaft also fort verlustig wird. Auf Absterben adelicher, graduirter oder siegelmäßiger Personen mögen zwar

5. die nächsten Befreunde für sich selbst einen oder mehr taugliche Vormünder aus ihnen erwählen; es muß aber auch all jenes von denselben beobachtet werden, was sowohl der Verpflichtung und Confirmation c) halber, als auch sonst überhaupt Num. praeced. 1 i) verordnet worden. Wer sich nun sonst

6. mit Erholung mehrgedachter Bestätigung oder Ablegung der Pflicht, und sonst säumig finden läßt, der stehet k) auch für alle dem Pupillen dadurch zugehende Schäden; und wer endlich

7. die Errichtung eines legalen Inventarii ohne rechtserheblicher Ursach gar unterläßt, wird nicht nur willkührlich gestraft, und in litem gegen ihn geschworen l) sondern man soll ihn auch, wann er nicht mehr solvendo m) ist, als einen muthwilligen Schuldner traktiren n).

8. Gebührt diese Vormundschaftsbestätigung dem nämlichen Richter o), welcher solche obverstandenermaßen p) zu bestellen hat.

Noten zu § 9.

a) Ueber das Verfahren der Notare gegen Stellvertreter Minderjähriger s. Heft III. Abth. II. Ziff. 48.

a*) Caution = Sicherheit. Hyp.-Ges. § 12. Z. 5. § 20. 57. 104. Z. 4. §. 163. Gönner Commentar hiezu I. S. 195. 208. 217. 248. 503. 505. II. 316. Lehner Hyp.-Recht I. § 52. II. 99. Nibler Hdb. § 49. J.-Hdb. S. 39. 147. Z. 5. S. 165. Instr. z. Hyp.-G. § 46. Depositalordnung v. 28. Mai 1862 (R.-Bl. S. 1077). Bl. f. R.-A. X 375. — Zins- u. Zaltermine der Lotterielose u. Obligationen. J.-M.-Bl. IV. S. 28. 109. — Väterliches Kautionsverbot: Seuff. Archiv Bd. V. No. 192. —

b) Ein legales und förmliches Inventarium = eine gesetzliche und förmliche Vermögens-Beschreibung gemäß Landrecht Thl. III. Cap. 1. § 18. — In allen Fällen, in welchen ein „legales" Inventar vorgeschrieben ist, ist dasselbe nicht mehr von den Gerichten, sondern von den Notaren zu errichten. Not.-Ges. vom 10. Nov. 1861. Art. 19. — Vergl. Zeitschr. f. G.-G. u. R.-Pfl. III. 419. — Bl. f. R.-A. XXVI. 481. XXXI. 350. Väterliches Inventurs-, Rechnungs- u. Kautions-Verbot: Seuff. Archiv. Bd. V. No. 192; Bd. VI. No. 225. — Vergl. § 22 Not. 1; § 25 Not. 2.

c) Confirmation = Bekräftigung, Bestätigung. —

d) Specification = Vermögensübersicht. Vergl. § 16. Z. 4. —

e) Ros. § 28 Note 2.

f) Weiblichen Freiheiten. Ungiltigkeit weiblicher Verbindlichmachung für Andere s. L.-R. Thl. IV. Cap. 10. §. 23. 24. 25. — Vorzug im Concurse s. Prioritätsordnung v. 1. Juni 1822. § 23. Z. 3. § 27. §. 30. —

g) renunciren = verzichten. —

h) pro renunciata = als verzichtet = als ob sie ausdrücklich verzichtet hätte.

i) numero praecedente 1 = in vorausgehender Ziff. 1. —

k) stehet = haftet. —

l) in litem gegen ihn geschworen. Juramentum in litem = Schätzungs- oder Würderungseid nach G.-O. Cap. XIII. § 4. No. 1. Anm. hiezu lit. K. — L.-R. Thl. IV. Cap. 17. § 6. No. 1. —

m) solvendo = zahlungsfähig.

n) s. Heft II. C. 18.

o) dem Stadt- od. Landgerichte des Wohnortes des Vaters nach No. 1 des § 7. — Bezüglich der Standesherrn vergl. Note 4 zu § 10. (G.-V.-G. Art. 77. — Deklar. v. 19. März 1807. § 13. — Edikt v. 26. Mai 1818. Beil. IV. zur V.-U. § 65.

p) obverstandenermaßen s. § 7. Ziff. 1.

Auszüge aus Kreittmayr's Anmerkungen zu § 9.

1—8. Jeder Vormund, er sei gleich testamentarius, legitimus oder dativus hat erstens vor dem Antritt seiner Vormundschaft folgende 4 Stücke zu beobachten, nemlich die Pflichtablegung, Kaution, obrigkeitliche Confirmation und Inventur. . . . B. Schmid bezeugt, daß er in 30 Jahren keine Cautionem fidejussoriam hierinfalls erlebt habe, sondern sie geschieht nöthigenfalls nur mittels obverstandener Verhypothecirung des Vermögens. . . . Jure hodierno hingegen wird die Confirmation für einen Ausfluß der Ober= und resp. oberster Vormundschaft angesehen, und müssen demnach alle Tutores ohne Ausnahme, sogar jene, welchen dieses etwa per pactum vel testamentum peternum nachgelassen ist, konfirmirt werden. . . . Inquisitio hat viertens bei den Römern soviel geheißen als heutzutag Cognitio, und diese ist auch Jure hodierno et consuetudinario saltem aliqualiter bei aller Vormundschaftsbestätigung vonnöthen. Sie bestehet kurz darin, daß man die Person Mittel und Conduite des Vormunds auch ob kein Impedimentum legale im Wege stehe, ante confirmationem betrachtet. Das bloße Anjuchen um die Bestätigung ist fünftens in tutela testamentaria vel legitima so wenig als der richterliche Auftrag, welcher in Tutela dativa allzeit vorausgeht, hinlänglich, sondern die Confirmation selbst und das in forma solita hierüber ausgefertigte Tutorium et Curatorium wird hiezu erfordert, um sich der Administration wirklich unterziehen zu können . . . . und wenn die Tutel streitig ist, so bleibt die Bestätigung quoad partes litigantes bis zum Austrag der Sache in suspenso, und wird einstweilen provisorische Bestellung gemacht. . . . . Soviel endlich siebentens die Inventur des pupillarischen Vermögens betrifft, ist solche von all und jeder Administration und Rechenschaft gleichsam Basis et Fundamentum, folglich das allererste, was der Vormund post confirmationem zu beobachten hat. Vor der Inventur darf er sich in Sachen, welche Verschub leiden, der Administration nicht anmaßen. Was er ohne solche thut, das ist achtens von keiner Giltigkeit, und wenn die Quästion vorfällt, ob, was und wieviel er von des Pupillens Vermögen ohne Inventario an sich gebracht hat, so ist zu unterscheiden, ob solches mit oder ohne erheblicher Ursache unterlassen worden sei. Erstenfalls muß er auf Begehren juratam Specificationem herausgeben, andernfalls ist er in dolo vel culpa lata,. und wird daher nicht einmal mehr ad juramentum manifestationis gelassen, sondern man schwört vielmehr gegen ihn in litem. Für eine erhebliche Ursache, wodurch man neuntens a dolo vel culpa lata hierin excusirt wird, dient z. E. nicht nur Krieg und Pest, sondern auch, wenn man einen andern Tutori, der schon diese Nachlässigkeit begangen, und die Sache dadurch erschwert hat, in der Vormundschaft succedirt, oder wenn der Vater das Inventarium verboten, oder den Vormund von der Rechenschaft losgesprochen hat, denn ob sich wohl dieses nur von der publica et solenni Confectio Inventarii, nicht aber de privata verstehet, als welche non obstante prohibitione paterna nichtsdestoweniger allzeit geschehen muß, so befreit doch dieser Umstand verstandenermaßen allemal a dolo vel culpa, sohin auch a juramento in litem. Die auf das Inventarium erlaufenden Kosten gehen zehentens allezeit über den Pupillen. Der Modus inventandi aber ist hier zu Land der nemliche, welcher auch in Erbschaftsfällen vorgeschrieben ist, maßen sich das Landrecht lediglich hierauf beziehet, und Jure communi nichts anders dabei vorgeschrieben ist, als daß die Inventur publice et in praesentia Personarum publicarum geschehen soll. Was gestalten nun ein legales Inventarium nicht nur contra Tutorem plene, sondern auch contra Tertios vel Debitores pupilli saltem adminiculative, oder wenn Tenor Instrumenti ganz einverleibt ist, plene beweise, siehe l. 13. pr. Cod. arbitr. Tut.; l. 57 u. ff. de Admin. et per Tut.

§ 10.

Von der Verpflichtung eines Vormundes.

Die gewöhnliche Vormundschaftspflichtformel lautet

1. dahin, daß man des Pflegkinds Person, Gut, Recht und Gerechtigkeit sowohl in als außer Gericht gebührend vertreten, liegende Güter ohne obrigkeitliche Erkenntniß *) weder veräußern, noch verändern oder beschweren, son-

dern dieselben in ihrem Wesen erhalten, was dem Kind nutz und gut ist, nicht unterlassen, über sein sämmtliches Vermögen ein legales Inventarium [b]) errichten, zu gewöhnlicher, rechter Zeit Rechenschaft und Antwort darum geben, auch was davon zu Handen kommt, seiner Zeit wiederum behörigen Orts ausliefern, und sonst allenthalben getreulich, ehrlich und aufrichtig, wie einem rechtschaffenen Vormund zusteht, hierin handeln und thun wolle. Gemeine und unsiegelmäßige Leute sollen hierauf

2. beeidiget werden, oder nach Gutbefinden der Obrigkeit wenigstens an Eides-Statt angeloben [c]); siegelmäßige Personen [d]) aber übergeben

3. sothane Pflicht unter eigener Handunterschrift und Fertigung, und zwar

4. bei der Obrigkeit, welche vorgedachtermaßen die Vormundschaft zu bestellen und zu bestätigen hat; wann aber

5. der Vormund seiner Person halber nicht unter selbiger, sondern unter anderer Obrigkeit stehet, so soll er auch von dieser letzteren, jedoch nur auf Requisition der ersten verpflichtet werden.

Noten zu § 10.

a) Obrigkeitliche Erkenntniß = obrigkeitliche Untersuchung und Bestätigung nach § 13.

b) Ein legales Inventarium = s. § 9. Ziff. 1. viertens und Note b zu § 9.

c) Statt der Beeidigung ist die Abnahme des Handgelübdes allgemein üblich. — „Bei Handschlag an Eidesstatt auf beschehenem Vorhalt versprechen." S. Anm. zum b. L.-R. Th. I. Cap. 7. § 10. No. 2. 3. —

d) Siegelmäßige Personen. Nachdem das Vorrecht der Siegelmäßigkeit durch die Art. 16 und 150 Abs. 2 des Notariatsgesetzes v. 10. Nov. 1861 bezüglich der nichtstreitigen Rechtspflege aufgehoben worden ist, so fallen alle Ausnahmsbestimmungen, welche in dem Kapitel des bayerischen Landrechts über das Pflechtschaftswesen enthalten sind vom 1. Juli 1862 an als gesetzlich aufgehoben hinweg. Vergl. Edel Commentar zum G.-V.-G. Art. 77. — Ueber die Vorrechte der Siegelmässigkeit sehe man übrigens die Verf.-Urk. Titel V. § 4. No. 4. § 5. Abs. 2. V.-B. V. § 10. 65 und V.-Beil. VIII. — Deklar. v. 19. Merz 1807. § 13. — Edikt v. 26. Mai 1807. § 10 u. 65.

Auszüge aus Kreittmayr's Anmerkungen zu § 10.

2. 3. . . . Unsiegelmässige Personen hingegen müssen die Pflichtsformel mittels leiblichen Eids oder nach Gutbefinden der Obrigkeit bei Handschlag an Eidesstatt auf beschehenen Vorhalt versprechen. Das gemeine Recht fordert überhaupt den leiblichen Eid von einem Vormund. . . . Die Abwesenden schwören per mandatarium specialiter instructum und empfangen hierüber extractum protocolli, nachdem vorher Caution geleistet, die Taxe bezalt, und Praestanda prästirt worden. —

4. 5. Zwischen den Landgerichten und Hofmarken inner Landes ist die reziprozirliche Verschaffung der Unterthanen auf vorläufige Requisition in solchen Fällen gebräuchlich und vermöge der erklärten Landesfreiheit auch verordnet.

§ 11.

Von des Pupillens Education [a]) und Alimentation [b]).

Vor Allem soll der Vormund

1) für des Pupillen Person [c]), folglich auch für seinen Unterhalt [d]) und gute Auferziehung [e]) fleißig Sorge tragen und sich hierunter

2. zuvorderst nach dem väterlichen Willen und Befehl richten, bei ermangelnder väterlicher Disposition [f]) aber

3. der leiblichen Mutter die Auferziehung des Kindes überlassen, wann sie anderst von ehrbarem guten Wesen und Lebenswandel ist und den Wittibstand nicht verändert, welch letzterenfalls gleichwohl bei obrigkeitlicher Ermäßigung stehet, ob man ihr solche ferner anvertrauen wolle. Nach der Mutter gebühret

4. die Education den nächsten Blutsverwandten und da etwa keiner mehr vorhanden wäre, oder sonst erhebliche Bedenken dagegen obwalten, so soll man den Pupillen

5. an sichern guten Orten, wo weder Verführung noch andere Gefahr zu besorgen ist, christlich und ehrlich auferziehen, annebens

6. nach Gestalt seines Vermögens, Standes und Wesens nicht nur mit Kost und Kleidung aus seinen, des Pupillen, eigenen Mitteln versehen, sondern auch in der Religion und anderen nützlichen oder nöthigen Dingen seinem Berufe gemäß [g]) zeitlich unterrichten [h]) lassen, wohingegen der Vormund einen mittellosen Pupillen ex propriis [i]) zu unterhalten, oder die Alimentationskosten ohne Anhoffung künftigen Ersatzes vorzuschießen nicht gehalten ist.

7. Mögen ungehorsame Pflegkinder sowohl von ihrem Vormund, als nächsten Befreunden und Lehrmeistern [k]) mit mäßiger Züchtigung bestraft werden; und da sie allenfalls ihren Vorgesetzten gar entlaufen, so soll man ihnen nirgend einigen Schutz oder Unterschleif gestatten. [l])

Noten zu § 11.

a) Alimentation = Ernährung, Verpflegung. Landrecht Theil I. Cap. 4. § 7. No. 1: „Sind leibliche Eltern, zuvörderst aber der Vater, sodann die Mutter, hernach die Ascendenten von väterlicher und endlich die von mütterlicher Seite hierzu verbunden" ꝛc. No. 5: „Werden unter obgedachten Eltern und Kindern nicht nur eheliche, sondern auch uneheliche, ja sogar die von verdammter Geburt in diesem Stück verstanden, wenn man nur der Ankunft halber bei ihnen genugsam versichert ist." No. 6, 7: (Ausnahmen). No. 8: (Größe der Alimenten). No. 9: (Dauer der Alimentationspflicht). No. 10: (Ende). No. 11: (Verlurst). No. 13: (Rückersatz). — Anfangstermin der Alimente: L.-R. Thl, I. Cap. 4. § 7. No. 9, 10; Anm. hiezu § VII. No. 6, 7, 8, 9. Bl. f. R.-A. I. 308. — Endtermin: Ldr. Thl. I. Cap. 4. § 7. No. 10; Vergl. Note b zu § 2. —

Größe der Alimente: L.-R. Thl. I. Cap. 4. § 7. No. 8; Bl. f. R.-A. II. 137; Ros. § 90. Ziff. 4: (Die Vormundschaftsbehörde soll sich mit zu geringen Alimenten nicht begnügen.) — Nachforderung (indebite) vorgeschossener Alimente: Ldr. Thl. I. Cap. 4. § 7. No. 13; — Bl. f. R.-A. II. 49. — Alimentationspflicht der Großeltern: Ldr. Thl. I. Cap. 4. § 7. No. 1 u. 5; des väterlichen Großvaters. Bl. f. R.-A. II. 393. VII. 137. — Eintrag der Alimente in die Pflegschaftstabelle nun Vormerkungsbogen: Ros. § 75, 87—91, 92, 97. — In welchen Fällen die Alimente von der Pflegschaft auszumitteln sind: Ros. § 87. — Gesetzl. Alimentationspflicht: Ros. § 88. — Nach den z. Z. noch bestehenden Sozialgesetzen fällt, wenn keine privatrechtlich verpflichtete Person mehr vorhanden ist, die Unterhaltspflicht auf die Heimatsgemeinde, bei Heimatslosen auf die Centralstaatskasse (nicht mehr Kreisfond) und bei Kindern von Staatsdienern, welche den Anspruch auf Pension verloren haben, auf die Staatskasse: (Heim.-Ges. v. 11. Sept. 1825. § 5, 7. — Ans.-Ges. v. 11. Sept. 1825. § 4. Abs. 3. — V. v. 17. Nov. 1861: das Armenwesen b. Art. 8. — Ges. v. 23. Mai 1846: die Ausscheidung der Kreislasten von den Staatslasten ꝛc. betr. Ges.-Bl. S. 45). Vergl. Ges. vom 16. April 1868. über Heimat, V. u. Aufenthalt Art. 1. 6. 13. 15. 17. 45. Ziff. 9. 10. — Hat sich eine wegen eines gesetzlichen Verpflichtungsgrundes (z. B. Paternität) in Anspruch genommene Person lediglich im Vergleichswege zur Sicherung eines bestimmten Alimentationsquantums herbeigelassen, ohne den gesetzlichen Verpflichtungsgrund selbst anzuerkennen, und wurde Letzterer auch nicht durch richterliches Urtheil rechtskräftig festgestellt, so ist deren Alimentationspflicht nur als eine durch Vertrag begründete zu betrachten, und kann eine (sonst nach Bedarf zulässige) Erhöhung des festgesetzten Betrages nicht mehr von ihr verlangt werden. Ros. § 89. — Die Mutter kann zur Angabe des Vaters nicht gezwungen werden. Ros. § 90. Ziff. 1. — Bei unbekanntem Aufenthalt ist alsbald das Ediktalverfahren einzuleiten. Ros. § 90. Z. 2. — Die Vormundschaftsbehörde hat auf Feststellung der Vaterschaft und Alimentationspflicht durch Vergleich oder Klagestellung hinzuwirken. Ros. § 90. Z. 3. — Allgemeine Alimentenvergleiche sind nicht zu genehmigen und bei unmittelbarer Uebernahme der Verpflegung durch den Vater ist wenigstens eventuell eine bestimmte Alimentationsleistung in Geld festzusetzen. Ros. § 90. Z. 4. — Offenbar unzureichende Alimenten und Abfindungssummen müssen motivirt sein und Abfindungssummen sind zu sichern. a. a. O. — Alimentenprozesse sind zu überwachen und zu betreiben. Ros. § 90, Z. 5. Eine Alimentenkaution kann nicht erzwungen, soll aber gütlich erwirkt werden. Ros. § 91. — Ersuchschreiben der Vormundschaftsbehörden zur Ermittelung der Vaterschaft und Alimentation. J.-M.-Bl. v. 1864. S. 121; 1866. S. 224. —

Die Blätter für Rechtsanwendung enthalten auf die Alimentation von Kindern Bezügliches in Band I. S. 159: Kritische Zeit. — I. 308: Anfangstermin. — II. 13: Except. plur. — II. 32 u. 55: Exc. pl. — II. 137: Größe. — II. 49: Nachforderung. — II. 393: A.-Pflicht des nat. Großvaters G.-R. — III. 47: Exc. pl. — IV. 93: Erfüllungs- oder Reinigungs-Eid? — IV. 223: Exc. pl. — IV. 255: Exc. pl. G.-R. — V. 295: Exc. pl. — V. 303: Exc. pl. — V. 181: Exc. pl. — VI. 302: Exc. pl. — VII. 336: Statutenkollision. — VII. 137: Großeltern. — VIII. 255: Gem. u. Roth. Recht. — VIII. 384: Paternitätstabelle. — VIII. 155: Größe. — VIII. 155: Bescheinigung der Verm.-Verhältnisse des Pflichtigen. — IX. 31: Einrede des Vergl. — XIII. 209: Rheinpfalz. — XIII. 222: Geburt in den ersten Monaten der Ehe. XIII. 240: Vermögensbescheinigung auch bei der Klage gegen subsidiär Verpflichtete geboten. — XIV. 60: Rechtskraft des Beweisinterlokutes; Eidesformel. — XVII. 94: Alimentenabfindungssumme im Konkurse. — XXI. 220: Einrede der unentgeltlichen Ernährung des Kindes durch Dritte. — XXI. 29: Befugniß der Mutter zur Klagestellung. — XXII. 303: Geständniß der Mutter. — XXIII. 313: Excl. pl. — XXIV. 235: Statutenkollision. — XXIV. 349: Nothwendigkeit der obrigkeitlichen Genehmigung eines Alimenten-Vergleiches. — XXIV. 351: Unzulässigkeit des Erfüllungseides einer sittenlosen Weibsperson. — XXIV. 435: Alimentenzahlungsbefehle der Curatelbehörde. — XXVI. 172: Einrede der vorgängigen Schwangerschaft. — XXVIII. 177: Competenz zur Beurkundung der Alim.-Verträge seit 1. Juli 1862. —

Ueber die civilrechtlichen Ansprüche eines außerehelichen Kindes gegen den Beihalter der Mutter s. den Plenarbeschluß des O.-A.-G. v. 5. Juni 1855. (R.-Bl. 1855. S. 678). Ueber die Einrede der mehreren Zuhälter s. den Plenarbeschluß d. O.-A.-G. v. 23. Juni 1841. (R.-Bl. 1841. S. 633 und v. 7. Januar 1860. R.-Bl. 1860. S. 161). — Aufbewahrung der Alimentenvertragsurschrift: Z. f. das Not. 1864. S. 127. — Taxirung der Alimentenvergleiche. F.-M.-E. v. 11. Januar 1866. (Z. f. d. Not. 1865. S. 133. — 1866. S. 43). — Die während des Concurses laufenden Alimente gehören in die erste Pr. Klasse. Pr. O. v. 1. Juni 1822. § 12. Z. 3; — Ebenso die neben dem bei Eröffnung des Concurses laufenden Jahre noch von den zwei unmittelbar vorhergehenden Jahren rückständigen Alimente. A. a. O. Ziff. 9. — Man sehe auch § 13 u. 14 der Prior.-Ordr. — Statutenkollision. Gesetz des Wohnortes der Mutter zur Zeit der Geburt maßgebend. O.-A.-G.-E. v. 20. Juni 1853. (Z. f. G.-G. u. Rpfl. I. 568. Bl. f. R.-A. XVIII. E.-Bl. S. 70*). Dagegen Ort des Beischlafes maßgebend nach O.-A.-G.-E. v. 14. März 1857. (Bl. f. R.-A. XXIV. 235.) O.-A.-G.-E. v. 23. März 1842. (Bl. f. R.-A. VII. 336.) — Vergl. auch die Note d zu § 2. — Alimenten verjähren in 5 Jahren. B.-G. v. 26. März 1859. Art. 1. 6. — Umgekehrt verjähren die Forderungen der Erzieher in 3 Jahren. A. a. O. Art. 3. — Alimente sind kein Gegenstand der Exekution. L. H. R. II. § 130.

Seuffert's Archiv für Entscheidungen der obersten Gerichte in den deutschen Staaten enthält hieher Bezügliches in:

Bd. I. No. 83: Alimentenforderung für die Vergangenheit. — Bd. II. No. 4: Statutenkollision. — Bd. II No. 44: Alimentenforderung für die Vergangenheit. — Bd. II. No. 56:

Vorausbezahlung der Alimente. — Bd. II. No. 118: Statutenkollision. — Bd. II. No. 119 Statutenkollision. — Bd. II. No. 186: Alimentation außerehelicher Kinder einer Ehefrau. — Bd. II. No. 254: Ausschließlichkeit der Nativitätstermine. — Bd. III. No. 135: Statutenkollision. — Bd. III. No. 175: Alimentationspflicht des natürlichen Großvaters. — Bd. III. No. 254: Statutenkollision. — Bd. III. No. 266: Subsidiäre Alimentationsverbindlichkeit. — Bd. III. No. 384: Alimentenersatz. — Bd. IV. No. 49: Alimentenersatz. — Bd. IV. No. 50: Keine Alimentationspflicht des väterlichen Großvaters. — Bd. IV. No. 51: Exceptio plurium. — Bd. IV. No. 52: Alimentenersatz. — Bd. IV. No. 234: Alimentation außerehelicher Kinder einer Ehefrau. — Bd. IV. No. 255: Forum delicti — Bd. V. No. 175: Berechnung der kritischen Zeit. — Bd. V. No. 290: Alimentenklage, vor der Entbindnng gestellt. — Bd. V. No. 292: Alimentation außerehelicher Kinder einer Ehefrau. — Bd. VI. No. 46: Ebenso. — Bd. VI. No. 47: Alimentationspflicht des wahnsinnigen außerehelichen Vaters. — Bd. VI. No. 201: Geständniß des Vaters. — Bd. VI. No. 202: Verzugszinsen von Alimentengeldern. — Bd. VI. No. 203: Größe. — Bd. VI. No. 204: Alimentationspflicht Unbemittelter. — Bd. VI. No. 205: Alimentationspflicht der Erben. — Bd. VII. No. 49: Alimentationspflicht des natürlichen Vaters. — Bd. VIII: No. 229: Ausschließlichkeit der Nativitätstermine. — Bd. IX. No. 124: Rechtmäßige Spätgeburt. — Bd. IX. No. 162: Eidesnorm bei bestimmter Schwängerungszeit. — Bd. IX. No. 165: Alimentenklage vor der Entbindung. — Bd. IX. No. 167: Exceptio plurium. — Bd. X. No. 53: Größe. — Bd. X. No. 54: Alimentation unehelicher Kinder einer Ehefrau. — Bd. X. No. 170: Nativitätstermine. — Bd. X. No. 171: Exceptio plurium gegen ein öff. Mädchen. — Bd. X. No. 263: Alimentenvergleiche. — Bd. XI. No. 11: Nichtausschließlichkeit der Nativitätstermine. — Bd. XI. No. 41: Dauer. — Bd. XI. No. 42: Alimentationspflicht der Erben des außerehelichen Vaters. — Bd. XI. No. 43: Restitution wegen versäumter Alimentenklage. — Bd. XI. No. 50: Alimentationspflicht des legitimirten Sohnes. — Bd. XI. No. 154: Collision der Mutter mit dem väterlichen Großvater. — Bd. XI. No. 240: Alimentenersatz. — Bd. XI. No. 245: Größe. — Bd. XII. No. 35: Umfang und Rückersatz. — Bd. XII. No. 36: Nativitätstermine. — Bd. XII. No. 161: Nichtausschließlichkeit der Nativitätstermine. — Bd. XII. No. 162: Rechtsgrund. — Bd. XII. No. 164: Alimentenenersatz. — Bd. XII. No. 169: Eigenes Vermögen des Kindes. — Bd. XII. No. 273: Nachzalung. — Bd. XII. No. 333: Statutenkollision — Bd. XIII. No. 123: Nichtausschließlichkeit der Nativitätstermine. — Bd. XIII. No. 253: Einrede, daß ein Dritter die Alimenten versprochen habe. — Bd. XIII. No. 265: Collision mütterlicher und väterlicher Ascendenten. — Bd. XIV. No. 40: Kindbettkostenersatz. — Bd. XIV. No. 145: Größe; Rückersatz. — Bd. XIV. No. 196: Statutenkollision. — Bd. XV. No. 98: Ausschließlichkeit der Nativitätstermine. — Bd. XVI. No. 117: Exceptio plurium. — Bd. XVII. No. 49: Klagerecht der unehl. Mutter. — Bd. XVII. No. 50: Klagerecht der verheiratheten unehelichen Mutter. — Bd. XVII. No. 114: Ausschließlichkeit der Nativitätstermine. — Bd. XVII. No. 247: Vermuthung. — Bd. XVII. No. 250: Anfang. — Bd. XVIII. No. 108: Anwendbarkeit der Nativitätstermine auf uneheliche Kinder. — Bd. XVIII. No. 109: Ausschließlichkeit der Nativitätstermine. — Bd. XVIII. No. 28: Verschweigung des Namens des Schwängerers. — Bd. XVIII. No. 253: Exceptio plurium; Immissio seminis. — Bd. XIX. No. 47: Klage gegen die Erben. — Bd. XIX. No. 212: Statutenkollision; Deliktsobligation. — Bd. XX. No. 9: Nichtsausschließlichkeit der Nativitätstermine. — Bd. XX. No. 10: Ausschließlichkeit der Nativitätstermine. —

b) Education = Erziehung. Seuffert's Archiv für Entscheidungen der obersten Gerichte in den deutschen Staaten enthält hieher Bezügliches in Bd. I. No. 81: Berufsbestimmungsrecht des Vaters. — Bd. I. No. 82: Interdictum de liberis ducendis. — Bd. III. No. 274: Erziehung bei der zur zweiten Ehe geschrittenen Mutter, welche nach Amerika auswandert. — Bd. III. No. 275: Erziehung durch die uneheliche Mutter nach ihrer Verheiratung. — Bd. III. No. 276: Erziehungsrecht der Stiefmutter gemäß väterlicher letztwilliger Anordnung. — Bd. V. No. 181: Erziehung jüdischer Kinder, deren Mutter nach dem Tode ihres Mannes zum Christenthume übertritt. — Bd. VIII. No. 269: Erziehung der Kinder aus geschiedenen Ehen. — Bd. XII. No. 163: Erziehung durch den außerehelichen Vater. — Bd. XII. No. 169: Kostentragung bei eigenem Vermögen des Kindes. — Bd. XIV. No. 43: Erziehung der Kinder aus geschiedenen Ehen. — Bd. XVI. No. 57: Statutenkollision. Recht des Vaters. — Bd. XX. No. 42: Erziehung der Kinder aus geschiedenen Ehen. —

Die Aufsicht auf die Erziehung ist den Pflegschaftsbehörden besonders eingeschärft durch J.-M.-E. v. 4. Aug. 1866. (J.-M.-Bl. S. 224.) Man sehe auch den Auszug aus dem Polizeistrafgesetzbuche im Hefte II: „Die Bezugsgesetze“ und die Verordnungen und Entschließungen im Hefte III von den Vollzugsvorschriften. — Religiöse Erziehung: Relig.-Edikt v. 26. Mai 1818. II. Verf.-Beil. § 5—9. 12—23. — J.-M.-E. v. 3. Febr. 1841. Döll. XXIII. S. 31. § 1831 ꝛc. ꝛc. — J.-M.-E. v. 4. Aug. 1866. Z. II. J.-M.-Bl. 1866. S. 224. — Bl. f. R.-A. III. 366. — Verbot des Besuches ausländischer Universitäten. V. v. 24. Sept. 1804. (R.-Bl. 1804. S. 873.) — Vergl. Note h — und Heft III. Abth. C. —

c) Person. Ueber Paternität und Legitimität s. N. d. zu § 2: über Legitimation und Adoption s. § 22. Ziff. 1 u. Note c dazu. — Von den Rechten und Pflichten der Personen in Ansehen ihrer verschiedenen Stände überhaupt s. L.-R. Thl. I. Cap. 3. § 1—5, und zwar § 2: vom natürlichen Stand, § 3: vom eingeführten Stand, § 4: von der Actio status praejudicialis (Standesklage), § 5: von der Standesveränderung. — Von Eltern und Kindern s. L.-R. Thl. I. Cap. 4. § 3. — Von der Quaestio status Paternitatis vel Filiationis (Vaterschaftsklage) s. L.-R. Thl. I. Cap. 4. § 9. — Die Mutter kann zur Angabe des Vaters nicht gezwungen werden. Ros. § 90, Z. 1. — Bei unbekanntem Aufenthalt des Vaters ist alsbald das Ediktalverfahren einzuleiten. Ros. § 90. Z. 2. — Die Vormundschaftsbehörde hat auf Feststellung der Vaterschaft und Alimentationspflicht durch Vergleich oder Klagestellung hinzuwirken. Ros. § 90. Z. 3. —

Hinsichtlich des Schutzes bei strafrechtlichen Handlungen s. im Allgemeinen das II. Heft (Bezugsgesetze); insbesondere über Antragsdelikte (Str.-G.-B. Art. 88. 89. 157. 215. 218. 222. 237. 239. 254. 264. 265. 268. 290. 297. 322. 306. 341. 346. P.-St.-G.-B. Art. 107. 138. Nachdruckges. v. 28. Juni 1865. Art. 61. Abs. 2. Art. 51; dann die Auszüge aus den Zeitschriften für Gesetzgebung und Rechtspflege und für Gerichtspraxis und Rechtswissenschaft im IV. Hefte (Gerichtliche Entscheidungen.) — über die Straflosigkeit bei Begünstigungshandl. s. St.-G.-B. Art. 61, 62. Abs. 2. — Ueber die Beschränkung kuratelmäßiger Personen bei Ausübung allgemeiner Rechte s. Vereinsges. v. 26. Febr. 1850. Art. 15. — Jagdausübungs-Gesetz v. 30. März 1850. Art. 18. 19. (Jagdkarten). — Ueber Vertretung der Pfleglinge vor Gericht s. die B. Gerichtsordnung v. J. 1753 mit Novellen im II. Hefte dieses Werkes. — Ueber vormundschaftliche Autorität und Handlungsunfähigkeit der Bevormundeten im Allgemeinen s. § 17. — Ueber privatrechtliche Verantwortlichkeit derselben aus arglistigen („gefährlichen“ „dolosen“) Handlungen s. § 17. Ziff. 4; — über strafrechtliche Verantwortlichkeit s. St.-G.-B. Art. 67. 68. 75. 76—82. — P.-St.-G.-B. Art. 18. 20. — Hausdienste des unehelichen Sohnes: Bl. f. R.-A. XXVIII. 303. —

d) Vergl. Note a.

e) Vergl. Ziff. 4 u. 7 dieses §.

f) Dispositio = Anordnung, Verfügung.

g) Vergl. Note b.

h) Vergl. St.-G.-B. Art. 212. 220. 252. Abs. 2. 270. P.-St.-G.-B. Art. 73. 99. 107. 138.

i) ex propriis = aus eigenen Mitteln.

k) Grenzen des Züchtigungsrechtes s. L.-R. Thl. I. Cap. 4. §. 3. — St.-G.-B. Art. 234. 238. — M.-E. v. 20. Mai 1815. Döll. IX. S. 1459. — Seitens der Lehrer s. J.-M.-E. v. 28. Mai 1863. (J.-M.-Bl. 1863. S. 6.)

l) S. Ges. v. 16. April 1868 Art. 45. Ziff. 19. 10. P.-St.-G.-B. Art. 137. 138. 72—74.

Auszüge aus Kreittmayr's Anmerkungen zu § 11.

1—7. . . . Ermangelt es aber an väterlicher Disposition, so kommt es alsdann auf folgende Regeln an, welche auch auf den Fall zu beobachten sind, wenn der Vater etwas verordnet, so von offenbarer Schädlichkeit oder Unthunlichkeit zu sein befunden wird, denn da wird mehr auf das, was dem Pupillen nützlich ist, als was der Vater befohlen hat, gesehen. Obwohl demnach zweitens das Jus educationis ein unmittelbarer Ausfluß von dem Vormundschaftsrecht ist und beides in der Person des Vormunds sich regulariter beisammen findet, so wird doch ein so anderes öfters getrennt und zwischen den Vormündern dergestalt abgetheilt, daß einer dieses, der andere jenes zu besorgen hat, welches zumal in weitschichtigen Vormundschaften um so löblicher und vernünftiger ist, als solchergestalten die auf mehr Schultern ausgelegte Last nur desto leichter getragen wird. Der leiblichen Mutter gebührt drittens das jus educationis allemal vorzüglich und dergestalten, daß ihr solches wider ihren Willen von dem Vormund oder Contutore nicht benommen werden kann, sonderbar wenn das Kind noch so zung ist, daß es in Weiberhänden sein muß; und geht sothanes jus nicht einmal per secunda vota verloren, sondern kommt mehr auf arbitrium judicis an, wobei man hauptsächlich auf den Lebenswandel der Mutter, die Beschaffenheit des Stiefvaters, und übrigen Umstände zu sehen pflegt. . . . Und wie nun fünftens die Tutel ein Munus publicum ist, worin man sich ohne hinlänglicher Entschuldigungsursache auch wider Willen brauchen lassen muß, so hat es mit der Edukation die nemliche Beschaffenheit, so können die Befreundte allenfalls hierzu gezwungen werden. . . . Die Religion ist sechsstens wohl das Prinzipalste, worauf man bei der Education zu sehen hat. . . Nebst der wahren Religion sind siebentens die guten Sitten das Nächste, was in educatione zu besorgen ist. . . Künste, Wissenschaften und andere nützliche oder nöthige Dinge, . . kommt auf den Beruf an, welchen der Vormund gleichwohl aus dem Stand und Vermögen des Pupillens, hauptsächlich aber aus seinen anscheinenden inner- und äußerlichen Gaben, Talenten und Neigungen zu ermessen hat. . . . Kost, Kleidung und alles Andere, was sowohl der Nothdurft als dem Wohlstand nach zum Unterhalt des Pupillens erforderlich sein mag, wird neuntens ebenfalls nach seinem Vermögen, Stand und Wesen, jedoch mit möglichster Sparsamkeit abgemessen, und ist auch zur mehreren Sicherheit rathsam, daß man sich in dubio bei der Obrigkeit anfrage und Bescheid darüber gewärtige. . . . Ist aber der Pupill so arm, daß er nichts im Vermögen hat, so trägt der Vormund wenigstens für das Almosen Sorge. Läßt er an seiner Schuldigkeit etwas hierunter ermangeln, so removirt man ihn entweder gar, oder adjungirt ihm einen andern. Unvermögliche Pupillen, welchen der Vormund den Unterhalt gratis verschafft, sind ihm hingegen auch anständige Dienste hierum zu leisten schuldig, außer dessen aber nicht. . . . Dieses alles bringt nicht nur die Natur des vormundschaftlichen Amtes, sondern auch die Ehrfurcht mit sich, welche der Pupill hievor zu bezeigen hat. —

§ 12.

Von Administrirung und Verwaltung pupillarischer Güter. [a])

1. Hat der Vormund überhaupt in Verwaltung des pupillarischen Vermögens dahin zu trachten, daß solches auf thunliche Weise nicht nur in gutem Stand erhalten [b]), sondern auch vermehrt werde. Solchem nach soll man

2. die Güter nicht unfruchtbar liegen lassen, sondern zum Nutzen zu bringen suchen [c]), das vorhandene baare Geld zu Beischaffung erträglicher Immobilien [d]) verwenden, oder soweit es mit Sicherheit geschehen kann [e]), auf jährliche Zinsen [f]), jedoch wann er keine siegelmäßige Person ist [g]), niemals anders, als mit Vorwissen der Obrigkeit ausborgen [h]), wie nicht weniger

3. die Passivschulden [i]), zuvorderst jene, welche dem Pupillen etwa am beschwerlichsten sind, nach Möglichkeit abtragen, hingegen die unverzinslichen oder nicht sicher anliegenden Aktivschulden fleißig beitreiben [k]).

4. In Vertretung pupillarischer Gerichtshändel [l]) sich nöthigen Raths und Beistands verständiger Leute und Rechtsgelehrter [m]) gebrauchen und endlich auch

5. die Ausgaben dergestalten einrichten, daß sie die Einkünfte nicht übersteigen, ausgenommen, wo es des Pupillen bedürftiger Unterhalt [n]) oder sonst die unausweichliche Noth erfordern möchte.

6. Liegt dem Vormund auch die Verwaltung außer Lands liegender Güter so weit ob, als für diese letztere nicht etwa besondere Vorsehung von der Obrigkeit selbigen Ortes gemacht ist [o]).

Noten zu § 12.

a) Von Administrirung und Verwaltung pupillarischer Güter = Von der Verwaltung und Verwaltung der vormundschaftlichen Güter. — Form des Eintrags des Vermögens in die Pflegschaftstabelle (nun Vormerkungsbogen) s. Ros. § 93—97.

b) Vergl. Note d. e. f. — Liberalitätshandlungen: Seuff. Archiv Bd. VIII. No. 61. —

c) Vergleiche Note c zu § 11 wegen Ausübung des Jagdrechts. Ueber Verpachtungen s. § 13. Ziff. 8.

d) Immobilien = unbewegliche Güter, Liegenschaften, (Gebäude, Grundstücke, Gerechtsamen). — Verträge hierüber s. Art. 14 des Not.-Ges. und § 81 der Instr. hiezu. — Umschreibung s. Ros. § 78. Z. 1. 2. — Sicherung gegen Brandschaden s. Ges. vom 28. Mai 1852. Art. 2. 15; Instr. hiezu v. 9. Okt. 1852. § 1; Hörmann, Commentar hiezu; Ros. § 80. 94. Z. 3. a. —

e) Vergl. V. v. 2. Merz 1787. § 4. (M.-G.-S. Bd. III. S. 126.) — Ankauf ausländischer Staatspapiere verboten. V. v. 28. Jänner 1805. (R.-Bl. 1805. S. 297). — Vinkulirung und Umschreibung der Staatsobligationen. J.-M.-E. v. 29. Juni 1861 u. 7. Aug. 1863. — (Z. s. G.-G. u. Rpfl. VIII. 84. J.-M.-Bl. I. 82. IV. 109.) — Zahlungstermine, Vormerkung; s. J.-M.-E. v. 12. Febr. 1866. (J.-M.-Bl. 1866. S. 28). — Umschreibung der Aktivforderungen bei Erbschaften. Ros. § 78. — Versicherung der Aktivforderungen s. Hyp.-Ges. § 12. Z. 5. 7. 8. 11. §. 20. 43. 57. 163; Ros. § 78. 82—86. 95. — Staatsobligationen, Hypothekenbriefe, Schuldverschreibungen Baargeld, Pretiosen u. dgl. sind gerichtlich zu deponiren, außer wenn der Vormund Caution leistet. — Ros. § 81. 95. Z. 2. — „Ohne hinreichende, durch Gesetze und Verordnungen oder durch besondere Umstände gerechtfertigte Veranlassung darf zur gerichtlichen Verwahrung Nichts übergeben noch angenommen werden." Unter dieser Voraussetzung dürfen angenommen werden: „Baares Geld, Staatsschuldscheine, Hypothekenbriefe und andere Schuldverschreibungen, sonstige, dem Gelde gleichzuachtende oder einen Geldbetrag darstellende Papiere, Pretiosen": Depositenordnung v. 28. Mai 1862. § 1 u. 3. (R.-Bl. 1862. S. 1077.) — Bezüglich der Deponirung von Baargeld bei der Bank s. Ges. v. 25. Juli 1850. Art. 1. — V.-V. v. 16. Okt. 1850. (R.-Bl. S. 1817). — F.-M.-E. v. 11. u. 23. Juni, 16. Juli 1851. (Döll. XXVIII. S. 1338). — Pupillengelder sind portopflichtig (nicht aber Obligationen) und sollen deshalb an die Bank nur eingesendet werden, wenn sie voraussichtlich so lange liegen bleiben, daß das Postporto ausgeglichen wird. J.-M.-E. v. 15. September 1836. (Döll. XXVIII. 242). Ros. § 81 Note 5. — Kapitalien-Anlage bei öffentlichen Kassen, Credit- und Sparkassen. Ros. § 95. Z. 1. — Anlage bei der Hypotheken- und Wechselbank. Statuten v. 17. Juni 1835. § 12. No. 4. (R.-Bl. 1835. S. 594.) — Bei den städtischen und Distrikts-Sparkassen sollen nur „eigene Ersparnisse" der Minderjährigen und in der Regel nicht mehr als 100 fl. angelegt werden, auch nur dann, wenn sich keine vortheilhaftere Gelegenheit zur sicheren Anlage bietet. M.-E. v. 30. Januar 1843. No. 1. (Döll. XXVIII. S. 1193). Ros. § 84. S. 171. — Bezüglich der Ostbahn-Aktien s. Ros. S. 173 Note 11. — Bezügl. der sog. Amtskapitalien beim Stadtgerichte München l. J. s. Ros. § 85. — Verbal- und Realkautionen (Pfänder, Hypotheken) s. Ros. § 86. — Versicherung des Heiratgutes der minderjährigen Braut, s. Hyp.-Ges. § 104. Ziff. 5. — Seuff. Arch. Bd. III. No. 72: Haftung der Vormünder bei Geldanlagen. — Bd. IV. No. 98. 99. 100: Grobes Verschulden bei Capitalanlagen; Seuff. Archiv Bd. XI. No. 253; Bd. XIII. No. 150: Geldausleihen ohne voraussichtlich genügende hypothekarische Sicherheit. — Bd. XV. No. 233: Erbschaftserwerb für einen minderjährigen Wahnsinnigen. — Bd. XVII. No. 258: Inventursfreiheit des Vaters. — Bd. XVIII. No. 92: Umfang des Inventars.

f) Zinsfuß s. Bl. f. R.-A. XXIX. 110. – Lbr. Thl. II. Cap. 3 § 21. — Unverzinslichkeit des Elterngutes, wann zuläßig? s. Ros. § 94 Note 7. — Zinszalungstermine von Obligationen vorzumerken. § 25 der Depos.-Ordnung v. 28. Mai 1862 (R.-Bl. S. 1077).

J.-M.-E. v. 12. Febr. 1866. (J.-M.-Bl. 1866. S. 28.) — Zinsen-Privilegium: Seuff. Archiv Bd. VII. No. 13. — Bei anvertrauter Vermögensverwaltung: Seuff. Arch. Bd. XVII. No. 218. —

g) Wie schon zu § 10 Note d erwähnt ist, haben die Vorrechte der Siegelmässigkeit in nichtstreitigen Sachen aufgehört, daher jetzt die Siegelmässigen auch hier gleiche Verpflichtung haben wie andere Personen. —

h) S. Bl. f. R.-A. IV. 357. X. 32.

i) Ueber Wechselverbindlichkeiten s. die a. d. W.-O. Art. 1. 2. 95. Commentar hiezu v.

Bluntschli S. 14. 16. Ziff. 4 u. 6. — H.-A.-G.-E. v. 16. Febr. 1852 u. v. 1. Merz 1865. (Z. f. G.-G. u. Rpfl. Bd. II. S. 485. V. S. 261. XII. S. 17.) (Man sehe ferner die Auszüge aus den Zeitschriften für G.-G. u. Rpfl.; — für G.-Pr. u. R.-W; — für das Notariat im IV. Hefte D. E. u. F.

k) S. Ros. § 82. — Exequirung der Eltern als Schuldner der Kinder s. Anm. zum b. L.-R. Thl. II. Cap. 9 § 6. 2. „Siebentens." — Zalbarkeit und Verzinsung der Elterngüter s. Ros. § 94. Note 7. 8. — Versicherung des Elterngutes s. Bl. f. R.-A. X. 375. XXI. 385. XXXI. 59.

l) Gerichtshändel. Man sehe im Allgemeinen die b. G.-O. v. J. 1753 mit Novellen und G.V.-G. v. 10. Nov. 1861 rc. im II. Hefte. — Obervormundschaftliche Vergleichsgenehmigung: G.-O. Cap. XVII. § 7 No. 7; Bl. f. R.-A. II. 165. XXIV. 319. — Betheiligung der Curatelen im Conkurse sieh Prior.-O. v. 1. Juni 1822; Bl. f. R.-A. XIX. 301. — Betheiligung bei Verlassenschaften:

Erbschaftsantritt: Lb.-R. Thl. III. Cap. 1. § 5. Ziff. 3; — Obsignirung: L.-R. Thl. III. Cap. 1. § 17; — Inventur a. a. O. §. 18; — Natürliche Erbfolge (Intestat-Erbfolge): a. a. O. Cap. 12. § 1 u. 2; — Notarielle Thätigkeit: Not.-Ges. Art. 11. 18. 19. 31. 32. 52. 82; Gesch.-Ordnung für die Notare v. 1. Juni 1862. § 56. 61. 81. 103. 104. 106. 107. 108; Ros. § 77. — Bei elterlichen Verlassenschaften s. Ros. § 30. 31. — Bei Verlassenschaften hat sich die Thätigkeit der Pflegschaftsbehörden im Allgemeinen darauf zu beschränken den Fortgang der Verhandlungen im Interesse der Pfleglinge zu betreiben, oder die Betreibung derselben durch die Vormünder zu überwachen. — Die Beendigung der Verlassenschaften im Wege freiwilligen Uebereinkommens erfordert jedoch immer die Zustimmung der betheiligten Pflegschaftsbehörde. — Mit der Ausantwortung der Erbmasse an die Erben hat die Thätigkeit der Verlass.-Behörde ihr Ende erreicht. Ros. § 77. — Umschreibung der Immobilien und Forderungen auf die Pfleglinge unerläßlich: Ros. § 78. Z. 1 u. ad 1; Bl. f. R.-A. I. 251. — Vergl. J.-M.-E. v. 4. Aug. 1866. (J.-M.-Bl. 1866. S. 224.) — Communhausung s. Ros. § 77. Note 3. § 96. — Wiedereinsetzung in den vorigen Stand beim Erbschaftsantritt: Ldr. Thl. III. Cap. 1. § 5. Z. 3. — Die Blätter f. Rechtsanwendung enthalten Erkenntnisse und Abhandlungen über Verlassenschaften, bei denen Minderjährige betheiligt sind, in Band VII. S. 26: Erbeinsetzung unehelicher Kinder mit Umgehung der ehelichen Geschwister ungiltig. — VIII. 304: Dagegen. — VIII. 321: Muttergut. — IX. 284: Muttergut im Conkurse. — IX. 125: Intestaterbrecht der Kinder eines verst. Geistlichen. — X. 236: Erbschaftsanfall an Verschollene. — X. 375: Versicherung der Pekulien (Muttergut). — XI. 282: Erbrecht der Mantelkinder einer adeligen Mutter. — XI. 241: Uneheliche Kinder. — XII. 17*: Erbeinsetzung der unehelichen Kinder mit Umgehung der Geschwister. — XVI. 281: Muttergut. — XVIII. 140: Muttergut im Conkurse des Vaters. — XX. 24*: Competenz bei Domizilsveränderung. — XXI. 385: Muttergut. — XXIV. 364: Erbeinsetzung durch den unehelichen Vater. — XXVI. 97: Muttergut, Errungenschaft. — XXVI. 138: Desgl. — XXVI. 315: Nachlaß des außerehelichen Vaters. Gem. R. XXVI. 413: Vaterschaftsklage nach dem Tode des Kindes. — XXVI. 481: Inventur. — XXVII. 17: Ediktalladung an unbekannte Gläubiger. — XXVII. 217: Muttergut. — XXVII. 189: Haftung des Wittwers für Passiven bei der Muttergutsauszeige. — XXVIII. 237: Muttergut. Berechnung. — XXVIII. 304: Erbeinsetzung durch den unehel. Vater. — XXVIII. 368: Erbrecht des Adoptivkindes. — XXIX. 221. 427: Schankungen des unehl. Vaters. — XXIX. 329: Competenz aus Zweckmäßigkeitsgründen. — XXX. 376: Transmission. — XXX. 320. 279. 47: Zuwendungen des unehl. Vaters und Großvaters, der unehl. Mutter. — XXXI. 59: Cautio usufructuaria. — XXXI. 350: Form des Inventars. —

Plenarbeschluß des O.-A.-G. v. 20. Mai 1851: Außereheliche Kinder sind nicht für bemakelte Personen mit der Wirkung zu halten, daß nach Thl. III. Cap. 3. § 14. No. 3 des b. L.-R. den Brüdern und Schwestern desjenigen, der sie zu Erben eingesetzt hat, die Rechte der Notherben zustehen. (R.-Bl. 1851. S. 657). Sieh dagegen O.-A.-G.-E. vom 3. Sept. 1859. (Bl. f. R.-A. XXVIII. S. 304). — Notare als Verl.-Commissäre: Z. f. d. Not. 1865. S. 36. — Inventur, Elterngutsauszeige und Nießbrauch der Eltern: Z. f. d. Not. 1866. S. 140.

Seuffert's Archiv f. Entscheidungen der obersten Gerichte Deutschlands enthält Bezügliches in Bd. I. No. 87: Intestaterbrecht der unehelichen Kinder. — Bd. I. No. 88: Wie vor. — Bd. I. No. 91: Levis notae macula. — Bd. I. No. 112: Grenzen der frei willigen und streitigen Gerichtsbarkeit in Verlassenschaftssachen. — Bd. I. No. 113: Prüfungsrecht des requirirten Richters. — Bd. I. No. 253: Vertragsmäßige Erbeinsetzung. — Bd. I. No. 256: Intestaterbrecht unehelicher Kinder. — Bd. I. No. 280: Ediktalsprozeß in Verlassenschaftssachen. — Bd. II. No. 241: Extrajudizialappellation. — Bd. II. No. 306: Verwaltung der Adventitien. — Bd. II. No. 309: Der Verschender als Testator. — Bd. III. No. 335: Veräußerung der Adventitien. — Bd. III. No. 336: Sicherstellung der Adventitien. — Bd. III. No. 337: Verwaltung der Adventitien. — Bd. III. No. 342: Wie vor. — Bd. III. No. 343: Wie vor. — Bd. IV. No. 157: Restitution gegen Ungehorsamsfolgen im Prozeß. — Bd. V. No. 192: Väterliches Inventurs- und Rechnungs-Verbot. — Bd. VI. No. 222: Pupillar-Substitution. — Bd. VI. No. 302: Intestaterbrecht unehelicher Kinder. — Bd. VI. No. 225: Väterliches Inventursverbot. — Bd. VI. No. 307: Statutenkollision. — Bd. VII.: Erbschaftsantritt für einen Wahnsinnigen. — Bd. VII. No. 110: Ediktalladungen. — Bd. VII. No. 198: Verwaltung der Adventitien. — Bd. IX. No. 78: Matrimonialsachen. — Bd. IX. No. 311: Erbschaftsantretung. Decretum de alienando. — Bd. X. No. 181: Verwaltung der Adventitien. — Bd. XII. No. 45: Verwendung der Adventitien zur Alimentation. — Bd. XIII. No. 100: Erbschaftsausschlagung. — Bd. XIII. No. 266: Verwaltung der Adventitien; Liedlohn. — Bd. XIV. No. 100: Verwaltung der Adventitien. — Bd. XV. No. 191: Elterngut, zalbar im Versorgungsfalle. — Bd. XV. No. 233: Erbschaftsantritt für einen wahnsinnigen Minderjährigen. — Bd. XVII. No. 227: Vatergut, zalbar im obrigkeitlich anerkannten Bedürfnißfalle. — Bd. XVII. No. 258: Keine Inventursverbindlichkeit des Vaters. — Bd. XVIII. No. 148: Erbschaftsentschlagung. Bd. XVIII. No. 92: Umfang des Inventares. — Bd. XIX. No. 161: Veräußerung von Adventitien. — Bd. VII. No. 198: Aufhebung des väterlichen Verwaltungsrechtes — Bd. VII. No. 359: Streitskonsens. — Bd. VIII. No. 325: Diskredulitätseid des Vormunds. — Bd. IX. No. 307: Streitskonsens. — Bd. X. No. 224: Klagenverjährung.

m) Den Pflegschaftsbehörden steht keine Disciplin über die Rechtsanwälte der Curatelen zu: Bl. f. R.-A. XXVII. 240.

n) Vergl. § 11.

o) Uebereinkunft mit Baden vom 1. Aug. 1810. § 17.) Würzb. Reg.-Bl. 1810. S. 32); — mit Württemberg v. 8. Merz 1825. (R.-Bl. 1825. S. 1153.) Jurisdiktionsvertrag mit Württemberg v. 23. Sept. 1821. § 1 u. 19. (R.-Bl. 1821. S. 868). S. Heft III: „Vollzugsvorschriften". — Zuständigkeit zur Curatelbestellung bezüglich ausländischer Forderungen. Seuff. Archiv Bd. IV. No. 130. — Bezüglich ausländischer Güter: S. Archiv Bd. VIII. No. 148.

Auszüge aus Kreittmayr's Anmerkungen zu § 12.

1—6. . . . Die Römer machten zwar dabei inter administrationem et authoritatis interpositionem einen Unterschied, und begriffen unter der ersten nur das, was der Vormund ohne Zuziehung des Pupillens thun konnte, unter der letzten aber, was nur interveniente Pupillo geschah. Gleichwie wir aber unter § 17 und 19 hören werden, was gestalten man heutzutag der Gegenwart oder Zuziehung des Pupillens in keiner Vormundschaftshandlung mehr bedarf, so fällt obgedachter Unterschied von selbst weg, und werden demnach Administratio vel autoritatis interpositio promiscue genommen. . . . Eine vernünftige Conservation und Vermehrung gedachten Vermögens ist also der Zweck aller vormundschaftlichen Verwaltung, folglich auch der Maßstab, wonach Vis et Potestas Tutoris in diesem Stück abgemessen werden muß. Da nun zweitens die Einnahme und Ausgabe der Anfang aller Administration ist, so muß der Vormund sowohl in einem als anderen obigen Zweck allezeit vor Augen haben, sohin alle unnöthige, unnützliche und ungewöhnliche Ausgabe unterlassen, hingegen in der Einnahme nichts verabsäumen, was sich immer mit Fug einnehmen läßt, weil ansonst der Zweck verfehlt, und das Vermögen entweder nicht erhalten, oder wenigstens nicht so, wie es sein soll oder kann, vermehrt wird. — Hieraus ergibt sich drittens, daß sich der Vormund keiner profitablen Erbschaft. Vermächtniß, oder andern dem Pupillen zugehenden Vortheils circa culpam so leichterdings entschlagen mag; ebensowenig darf er ihm von dem, was er schon wirklich hat, etwas verschenken, soweit es nicht die Nothdurft, Billigkeit und Gewohnheit mit sich bringt. Vielweniger ist ihm erlaubt, Schulden zu machen, oder mehr auszugeben, als er einzunehmen hat, außer wo es des Pupillens bedürftiger Unterhalt, unausweichliche Nothdurft, oder augenscheinlicher großer Nutzen also erfordert, allergestalten der creditor nicht hierum befriedigt wird, ohne vorher Versionem in rem dargethan zu haben, gemäß § 19. No. 3. Am mindesten aber stehet ihm viertens zu, von des Pupillens Gütern etwas zu seinem Eigennutz zu verwenden, denn er muß solches nicht nur in Capitali, sondern auch mit den Zinsen, und zwar nach römischem Recht mit 12% Interesse wiederum ersetzen; und obwohl das höhere Interesse zu 12% nicht mehr in usu ist, so hat doch das Uebrige noch seine gute Weg. . . Der Modus, das pupillarische Vermögen zum Nutzen zu bringen und zu vermehren, ist zwar fünftens unterschiedlich, und muß allenfalls ex regulis oeconomicis per Peritos in arte beurtheilt werden. Meistentheils aber pflegt man die unnöthige und nichts tentirende Habschaft zu versilbern und das vorhandene baare Geld auf Beischaffung erträglicher Immobilien zu verwenden, oder auf jährliche Zinsen auszuborgen, welches also auch der Vormund seines Orts fleißig zu beobachten, widrigenfalls aber dem Pupillum hierum zu indemnisiren hat. . . . Man supponirt sechstens dabei, daß von dem Vermögen über Abzug dessen, was sowohl zu Entrichtung der vorhandenen Schulden als zum Unterhalte des Pupillens erforderlich ist, annoch soviel übrig bleibe, womit man liegende Güter beischaffen, oder verzinsliche Capitalia anlegen könne. Man supponirt ferner, daß erträgliche Immobilia oder solche Ort, wo das Geld mit Sicherheit auf Zinsen hätte angelegt werden mögen, wirklich zu finden gewesen. . . . Ob man achtens die Baarschaft auch auf ewig Geld, oder Wechsel-Negotia anlegen könne, zweifelt zwar B. Schmid darum, weil die erste ihrer Unablöslichkeit halber beschwerlich, und die letztere wegen der vielen Falliment sehr unsicher sind, allein dieser Unsicherheit läßt sich durch behörige Vorsicht, und der Beschwerlichkeit durch Transport abhelfen. Ein anderer Zweifel erregt sich neuntens, was für ein Modus die Gelder zu employren präferabler sei, und ob man die verzinsliche Capitalia den Immobilibus vorzuziehen habe. Affirmativam behauptet zwar B. Schmid aus der Ursache, weil sich die Güter nicht auf 5% wie die Capitalia verinteressiren. Wenn man aber hingegen die größere Gefahr konsiderirt, welche zumal jetziger Zeit bei Capitalien meistentheils obschwebt, so glauben wir, daß Negativa Affirmativae in thesi noch wohl die Waag halte, welches jedoch in Hypothesi mehr auf die Umstände und das Arbitrium Judicis ankommt. Zehntens hält man auch dafür, daß die von Capitalien abgefallenen und eingebrachten Zinsgelder auf die nemliche Art, wie bereits von anderer Baarschaft oben verstanden worden, wiederum verwendet und zu Nutzen gebracht werden müssen. Was gestalten der Vormund nicht nur Creditoris Pupilli bezahlen, sondern auch von desselben Debitoribus die Bezalung annehmen könne, und zwar Beides ad effectum plenissimae liberationis ist Part. seq. 4. Cap. 14. § 2 u. 4 mit Mehreren versehen. Daß er aber solches auch in gewisser Maas zu thun schuldig sei, bringt gegenwärtiger § mit sich und fließt dieß abermals aus obigem Principio, denn durch die Passiv-Schulden, zumal jene, welche verzinst werden müssen, wird das Vermögen nicht vermehrt, sondern je länger, je mehr vermindert, derowegen auf alle thunliche und mögliche Weise dahin zu trachten ist, damit die Bezalung bald erfolge, und der Pupill von den beschwerlichen Zinsen liberirt werde. Ist man aber zwölftens alles auf einmal zu bezahlen nicht im Stand, so giebt die Vernunft, daß der Anfang mit jenen Schulden zu machen sei, welche dem Pupillen mittels der höheren Zinsen, oder sonst am meisten zu Last liegen. Zu welchem Ende man zuvörderst das vorhandene baare Geld anzugreifen, sodann die Mobiliarschaft und endlich in subsidium gar die liegenden Güter zu versilbern hat, wenn anders die Schulden liquid und richtig sind, denn sonst bezalt der Vormund auf eigene Waag und Gefahr. Dreizehntens muß er auch aus mehrverstandenem Principio die Aktivschulden allenfalls durch Klag und Imploration richterlicher Hilfe fleißig beitreiben, soferne sie entweder unverzinslich oder nicht sicher liegen, damit jene an andern Orten verzinslich angelegt, diese aber in Zeiten der Verlustsgefahr entrissen, sohin dem Vormund dießfalls keine Mora vel Culpa beigemessen werden möge. . . Uneinbringliche Schulden zu betreiben, wird dem Vormund nicht nur nicht zugemuthet, sondern er macht sich vielmehr responsabl, wenn er vergebliche Kösten ohne wahrscheinlicher Hoffnung eines guten Effekts hierauf verwendet. . . Findet sich die causa von keiner genugsamen Probabilität zu sein, so ist er extra Culpam, wenn er a lite desistirt, oder die Appellation nicht prosequirt. . . Es mag aber auch das Negotium gleich in- oder extrajudiciale sein, haftet der Vormund sowohl ein- als anderfalls um Alles was von dem Anwalt statt seiner gehandelt wird. . . . —

§ 13.

Von Veräußerung derselben (Mündelgüter).

Eine Veräußerung soll

1) in des Pupillen liegenden Gütern [a]) von der Vormundschaft ohne

rechtserheblicher Ursache, dann derselben vorläufig gründlicher Untersuchung und obrigkeitlicher Bestätigung [b]) nicht vorgenommen werden; außer dessen ist dieselbe

2. von keiner Kraft, und kann das veräußerte Gut gegen Erstattung des hievor ausgelegten Werths, soweit solcher dem Pupillen zu Guten gegangen, wiederum vindicirt [c]) werden; falls auch dasselbe vor der Wiederrufung zu Grund gehet, so betrifft der Verlust nicht den Pupillen, sondern den, welcher es mala fide [d]) an sich gebracht hat und muß jener auf solchen Fall von ihm indemnisirt [e]) werden. Der Beweis obengedachter Requisiten [f]) liegt

3. demjenigen ob, der sich auf die Alienation [g]) gegen den Pupillen beziehet, jedoch dergestalt, daß, wann die obrigkeitliche Bestätigung einmal dargethan ist, alsdann auch die übrigen Stücke solang präsumirt [h]) werden, bis das Widerspiel [i]) genugsam erprobt worden. Für eine hinlängliche Veräußerungsursache wird

4. geachtet, wann es die Nothwendigkeit oder der augenscheinliche Nutzen des Pupillen also erfordert. Und wie nun

5. die Bestätigung entweder bei der Obrigkeit des Ortes, worunter die Güter liegen, oder worunter der Pupill sein ordinari forum [k]) hat, begehrt werden mag, so soll auch

6. daselbst die gebührende Untersuchung geschehen, wobei jedoch dem bloßen Vorgeben des Vormunds nicht so schlechterdings getrauet, sondern der Sach auf den rechten Grund gesehen werden soll. Unter der Veräußerung sind hierinfalls

7. alle Handlungen verstanden, wodurch dem Pupillen entweder das Eigenthum selbst, oder andere bei der Sache habende Gerechtsame zum Theil oder gänzlich entzogen oder geschmälert wird; z. E. [l]) durch Verpfändung des Guts, Beschwerung mit Grunddienstbarkeiten, oder Einräumung des Nutzbrauchs, und dergleichen. Dahingegen ist

8. die bloße Verpachtung keinem Vormund verwehrt, und da etwa das Gut vorhin schon zu Erb=, Leib= oder Freistiftsgerechtigkeit [m]) verliehen ist, so mag solches auch bei der Heimfälligkeit, jedoch allzeit nur in der nemlichen Maaß, oder wenigst nicht auf beschwerlichere Conditiones [n]) von der Vormundschaft wiederum weiter verliehen werden, ohne daß man obiger Requisiten hiezu bedarf. Deßgleichen sind solche

9. nicht vonnöthen, wann die Veräußerung aus Spezialanordnung des Gesetzes selbst, oder weil es der Erblasser also befohlen oder ausdrücklich bewilliget hat, vorgenommen wird; es kann aber auch

10. eine aus Mangel mehrgedachter Requisiten ungiltige Alienation nicht angefochten werden, wenn der Pupill des Vormunds Erb wird, oder nach erlangter Volljährigkeit die Veräußerung mit Worten oder Werken bestätiget, welch letzteres unter Anderen auch aus fünfjährigem Stillschweigen a die Majorennitatis vel impetratae Veniae [o]) gemuthmasset wird. Mit fahrender Hab, welche sich mit Nutzen erhalten läßt, soll es

11. ebenso, wie mit liegender hierinfalls gehalten werden, all anderes aber, insonderheit Getraid, Wein, Obst, Bier und Früchten, wie auch un=

nöthiger und überflüssiger Vorrath an Kleidern, Kleinnodien und Möbeln, mag der Vormund auch ohne obrigkeitlicher Erkenntniß versilbern, wann es nur in guter Absicht, zu rechter Zeit und um billigen Werth geschieht [p]). Gleichwie im Uebrigen

12. dem Pupillen auch gegen eine zwar giltige, aber schädliche Alienation Restitutio in integrum [q]) noch bevor bleibt, also auch soll die Obrigkeit bei der Bestätigung die unförmliche Clausulam salvo jure pupilli [r]) hinweglassen und endlich

13. auf den Fall, wann der Vater selbst tutorio nomine [s]) die Confirmation [t]) begehrt, sich weder mit selber, noch mit der Untersuchung ebenso genau, wie bei anderen Vormündern bezeigen.

14. Von dem Vergleich [u]) in Streitigkeiten den Pupillen betreffend, siehe Cod. Jud. Cap. 17. § 1. No. 7.

Noten zu § 13.

a) Ueber Veräußerung liegender Güter s. Art. 14 des Not.-Ges. und über deren Versteigerung: Art. 18, 52 des Not.-Ges., dann die Instr. hiezu vom 1. Juni 1862, §. 106, 107, 101, 108; Vergl. Ros. § 79, 80. — Veräußerung fahrender Habe s. Ziff. 11 dieses § und Note p hiezu. — Ueber Veräußerungen an den Vormund s. Ldr. Thl. I, Cap. 7, § 18. — Seufferts Archiv Bd. I, No. 84; Bd. V, No. 193. — Absolute Nichtigkeit gesetzwidriger Veräußerungen: Seuff. Archiv Bd. XIV No. 101; Bd. XIX, No. 161. — Consens zu Vermögenstheilungen: Seuff. Archiv Bd. XIII, No. 149; Bd. XVI, No. 59. — Veräußerung ohne Versteigerung: Seuff. Archiv Bd. XX, No. 49; Bd. XIII, No. 149. —

b) S. Bl. f. R.-A. XXVIII, 414; — Not.-Ges. Art. 11, 12, 13, 16. — Veräußerungsgründe: Seuff. Archiv Bd. III, No. 344.

c) Vindicirt = als Eigenthum zurück verlangt. L.-R. Thl. II, Cap. 2. § 7. —

d) mala fide = im bösen Glauben, im Bewußtsein seines Unrechts. —

e) indemnisirt = schadlos gehalten, entschädigt. —

f) Requisiten = Voraussetzungen, Erfordernissen. —

g) Alienation = Veräußerung. —

h) praesumirt = vermuthet. —

i) Widerspiel = Gegentheil. —

k) Ordinari forum = ordentlicher Gerichtsstand. Vgl. § 7 Note c. d. — Veräußerungsgründe: Seuff. Archiv Bd. III, No. 344.

l) z. E. = zum Exempel = zum Beispiel. —

m) Erb-, Leib- oder Freistiftsgerechtigkeit: S. Art. 8, 15, 16, 17 des Ablösungsgesetzes v. 4. Juni 1848, wonach solche Gerechtigkeiten durch Gesetz, Fixation, Umwandlung und Ablösung erloschen sind und nicht mehr verliehen werden können. —

n) Conditiones = Bedingungen. —

o) a die majorennitatis vel impetratae Veniae = vom Tage der Großjährigkeit oder der erlangten landesherrlichen Großjährigkeitserklärung. — S. § 36 Ziff. 7. — Seuff. Archiv Bd. VIII, No. 10; Bd. XI, No. 160. —

p) Ueber Versteigerung von Fahrnissen (Mobilien): Not.-Ges. Art. 52. — Einführung allgemeiner Versteigerungstage: J.-M.-E. vom 9. Febr. 1867 (J.-M.-Bl. 1867, S. 52.) — Oeffentl. Versteigerung an den Vormund giltig. S. Seuff. Archiv Bd. I, No. 84, Bd. V, No. 193. Nach Ldr. Thl. IV, Cap. 14, § 4, No. 2 kann an Vormünder und Kuratoren eine Schuld bezalt werden, ohne daß es hiezu eines obrigkeitlichen Dekretes bedarf. Da nun derjenige, welchem rechtmäßig gezalt worden ist, die Löschung der hiefür bestellten Hypothek bewilligen muß (Hyp.-Ges. § 80, 83, 158), so wird mit Unrecht von vielen Vormundschaftsgerichten die kuratelamtliche Genehmigung einer vormundschaftlichen Quittung und Löschungsbewilligung gefordert. — Bei den Stiftungen sind solche Curatelgenehmigungen ohnehin förmlich abgeschafft. Vergl. gegenw. § 13, No. 9. — Bezüglich des gemeinen Rechts s. Seuff. Archiv: Bd. I, No. 251,

(Kein Dekret) Bd. II, No. 197: Restitution ungeachtet eines obrigkeitlichen Dekretes. — Bd. II, No. 198: Obervormundschaftlicher Consens ohne Vollwort des Vormundes. — Bd. III, No. 180: Oeffentliche Versteigerung. — Bd. III, No. 344: Cessionen von Hypotheken erfordern kein Veräußerungsdekret. — Bd. IV, No. 243: Erbverträge bewirken keine Veräußerung. (Hannover) — Bd. VII, No. 359; Bd. IX, No. 307: Streitskonsens der Obervormundschaft unwesentlich — Bd. XI, No. 53: Zalung an den Vormund — Bd. XIII, No. 100; Bd. XVIII, No. 148: Erbschaftsausschlagung. —

q) Restitutio in integrum = Wiedereinsetzung in den vorigen Stand s. § 30. — Statutenkollision: Seuff. Archiv Bd. II, No. 2. — S. auch Note p.

r) Clausulam salvo jure Pupilli = die Klausel (der Vorbehalt), „unbeschadet der Rechte des Pfleglings." —

s) tutorio nomine = in der Eigenschaft als Vormund. —

t) Confirmation = Bekräftigung, Bestätigung.

u) Ueber die Voraussetzungen eines giltigen vormundschaftlichen Vergleiches s. G.-O. Cap. XVII, § 1, No. 7. — Bl. f. R.-A. Bd. II, S. 165; — XXIV, 349. — Alimenten-Vergleiche: Seuffert's Archiv Bd. X, No. 263; — Bd. XVIII, No. 244. —

Auszüge aus Kreittmayr's Anmerkungen zu § 13.

1. 2. 3. . . . Verschiedene Authores destinguiren zwar dabei inter bonam et malam fidem. Allein diese Distinktion betrifft nur Fructus und Meliorationes, nicht aber rem ipsam vel refusionem pretii, weil die natürliche Billigkeit nicht leidet, daß der Pupill mit anderer Leute Schaden bereichert werde. Derjenige, welcher drittens das Gut auf eine so illegale Weise an sich gebracht hat, kann nullitatem actus seines Orts niemals vorschützen, und solches unter diesem Prätext dem Pupillen wider seinen Willen heimschlagen. Denn was die Jura diesem letzteren zu guten verordnen, läßt sich zu seinem Nachtheil nicht umdrehen. Und weil der Pupill viertens auf dem Fall, wenn er zwar selbst, jedoch ohne Beobachtung obiger Requisiten kontrahirt und alienirt hat, gleichwohl naturaliter obligirt bleibt, so kommt seinem Bürgen exceptio nullitatis nicht zu Guten. Geht fünftens das Gut vor der Vindizirung zu Grund, so trägt der Pupill contra regulam juris ordinariam, quod res pereat suo domino, den Schaden nicht, sondern derjenige, welcher es mala fide an sich gebracht hat. . . Auch der Vormund kann seine illegale Alienation umstoßen, weil das Obstaculum durch Bestellung eines andern Vormunds oder Curatoris ad actum specialem leicht gehoben werden kann, außer in casu, da der Vormund den Pupillen geerbt hat. . .

4. Für eine hinlängliche Causam alienationis wird erstens in unserm Codice geachtet, wenn es die Nothdurft oder der augenscheinliche Nutzen des Pupillens also erfordert. Eine solche Noth, welche auf Crepiren, Verhungern oder dgl. Extremitäten ankommt, ist hier eben nicht vonnöthen, sondern man nimmt es in einer gewissen Latitudine, und hält z. E. für genug, wenn Schulden und andere dergl. Ausgaben vorhanden sind, welche ohne Gutsveräußerung nicht wohl bestritten werden mögen. . . .

5. . . . Unser Codex hält sowohl Judex personae als loci rei sitae für kompetent, und hat mithin praeventio unter ihnen Platz, doch finden wir mit B. Schmid rathsamer, daß der erstere Richter hierum angegangen werde, weil er von dem Vermögensstand und anderen Umständen des Pupillens allezeit mehr Notiz haben kann, als Judex loci rei sitae, sohin auf cognitione weit leichter und geschwinder verfahrt. Wissen und Willen der Obrigkeit, wie auch die bloße Fertigung oder Besiegelung des Contrakts ist ohne ausdrücklicher und förmlicher Bestätigung nicht hinreichend. Ob aber die Confirmation vor oder nach bereits eventualiter geschlossenen Contrakt erfolgt sei, ist in der That einerlei, weil sie letzterenfalls retrotrahirt wird. . . .

6. u. 13. Die vorläufig gründliche Einsicht und Untersuchung, welche die Obrigkeit ante decretnm zu beobachten hat, kommt nicht auf bloßes Vorgeben des Vormunds, sondern vielmehr darauf an, daß man sich sowohl von dem Vermögensstand des Pupillens, als dem wahren Werth der zu alienirender Sache aus den vorhandenen Inventariis oder Vormundschaftsrechnungen, Schätzungsprotokollen u. dgl. Dokumenten genugsam und legaliter informire. . . .

7. 8. 14. . . . Eine Veräußerung ist es auch, wenn man sich des Usus fructus zu Gunsten eines anderen begibt, eine Erbschaft oder Vermächtniß ausschlägt, Güter gegeneinander kompensirt, sich statt der adjudizirten Sache mit dem Werthe abfertigen läßt u. dgl. Nicht aber

drittens wenn man nur die Obligation od. Hypothek, womit des Pupillens Gut schon behaftet war, einem Dritten überläßt, viel weniger in Commodato vel Additione haereditatis und in translatione bonorum von einem Ort in das andere, als welche dem Vormund nur alsdann verwehrt werden kann, wenn Gefahr ohanden, daß die transferirte Sache dadurch verschlimmert, zu Grunde gerichtet oder entzogen werden möchte. . . .

9. Die Veräußerungsfälle wobei man obiger Requisiten nicht bedarf, bestehen tamquam Exceptiones a Regula in folgenden: Erstens . . . . Zweitens in der Gütervertheilung, welche der Pupill mit Anderen in communione hat, sofern die anderen Theilhaber ad divisionem provoziren, denn weil Niemand in der Gemeinschaft zu bleiben schuldig ist, so geschiehet die Abtheilung auf Begehren des Compagnon ex necessitate Juris, welches jedoch nur angeht, wenn Major contra Minorem vel Pupillum auf ad Divisionem provozirt, nicht aber, wenn Minor vel Pipullus contra Socium darauf andringt. Drittens, wenn der Erblasser, welchem das Gut zugehört hat, die Alienation in testamento oder sonst ausdrücklich bewilliget oder gar anbefohlen hat, ohngeachtet das Testament in defectu formalitatum etwan an sich null und nichtig wäre. Viertens, wenn der Landesherr selbst die Alienation bestätigt. —

§ 14.

De periculo Tutorum a), und was sie für eine Culpam zu prästiren b) haben.

Den Fleiß, welchen

1. ein guter Hauswirth in dem Seinigen zu verwenden pflegt, soll auch ein Vormund in seinem Amt verwenden, sonst begehet er Culpam levem c), und muß den dadurch verursachten Schaden dem Pupillen ersetzen. Nur desto mehr haftet er

2. um alle Schäden, wann er nicht einmal soviel Fleiß, als ein schlechter Hauswirth, verwendet, mithin Culpam latam d) begehet; oder

3. etwa gar vorsätzlicher und gefährlicher Weise e) (dolose) zu Schaden des Pupillen handelt. Dahingegen stehet er

4. für keinen Unglücksfall (Casu fortuito) und ebensowenig ist er auch

5. schuldig, Culpam levissimam f) zu prästiren, und soviel Fleiß zu bezeigen, als der allerklügste und sorfältigste Hausvater anzuwenden pflegt.

Noten zu § 14.

a) De Periculo Tutorum = Von der Gefahr (Haftung) der Vormünder. —

b) Culpam zu prästiren = für welche Fahrlässigkeit sie einzustehen (zu haften) haben. —

c) Culpam levem = eine Fahrlässigkeit geringeren Grades.

d) Culpam latam = eine Fahrlässigkeit höheren Grades = eine grobe Fahrlässigkeit. —

e) Ueber die strafrechtliche Verantwortlichkeit der Vormünder und Curatoren s. den strafrechtlichen Theil dieses Werkes, insbes. aber St.-G.-B. Art. 331. im II. Hefte Abth. C. Ziff. 16. 17. 18.

Auszüge aus Kreittmayr's Anmerkungen zu § 14.

. . . . Wie weit die Erben eines Vormundes ex culpa lata haften sieh § 26. . . .

§ 15.

Von Schadloshaltung und Recompensirung [a]) eines Vormunds.

Alles, was der Vormund von dem Seinigen zu des Pupillens Nutzen und Nothdurft verwendet, soll

1. demselben wiederum vergütet werden, wenn gleich die Besserung ohne des Vormunds Verschulden nicht mehr existirt. Von dem hierzu ausgelegten und vorgeschossenen Geld gebühren ihm

2. die gewöhnlichen Zinsen; es wäre denn, daß der Pupill selbst mit Baarschaft versehen ist, und der Vormund solche fruchtlos liegen läßt.

3. Mag ein Advokat, welcher zugleich Vormund ist, für die in des Pupillens Streitigkeit verfertigte Schriften und andere Arbeit den gebührenden Advokatenverdienst aufrechnen; und wie er nun

4. überhaupt um allen der Vormundschaft halber erlittenen Kosten, Schaden und Entgang satisfacirt [b]) werden muß; also auch hat er

5. von dem Pupillen nach Beschaffenheit seines Standes und Vermögens, dann gehabter Mühe, Verrichtung und Sorg eine proportionirliche Verehrung und Ergötzung [c]) zu fordern, wann anders die Vormundschaft redlich, ehrbar und getreulich verwaltet worden. Innmassen bei größeren und considerableren [d]) Vormundschaften das Honorarium nicht nur nach geendigter Vormundschaft, sondern auch auf Begehren zu Ende jeden Jahres von der Obrigkeit ausgesprochen werden mag.

Noten zu § 15.

a) Recompensirung = Vergütung, Belohnung, Honorirung. —

b) satisfacirt = entschädigt. —

c) Eine proportionirliche Verehrung und Ergötzung = eine verhältnißmäßige Belohnung. Vergl. § 8. Ziff. 4. —

d) considerableren = beträchtlicheren = bedeutenderen.

Auszüge aus Kreittmayr's Anmerkungen zu § 15.

1. 2. 3. 4. . . Hat er dem Pupillen in seinen Streitigkeiten zugleich als Advokat gedient, und die Schriften verfertiget, oder als Bauersmann die Felder für ihn bebauet, oder als Handwerksmann die Arbeit statt seiner verrichtet, so rechnet er hierum den gebührenden Lohn auf. — Hat er endlich seinen eigenen Credit durch Pfand oder Bürgschaft für denselben interponirt, so muß ihn der Pupill auch seinerzeit wiederum liberiren. Der auf Meliorationes von ihm geschehene Vorschuß muß refundirt werden, wenn gleich jene nicht mehr existiren, sondern ohne sein des Vormundes Verschulden wiederum cessirt haben. Jedoch dieses alles anderstalt nicht, als in gebührender Maß und ohne Exceß, welchen die Obrigkeit allenfalls zu retranchiren und in der Rechnung nicht passiren zu lassen hat. . .

5. Ist das Quantum (des Honorars) per Pactum vel Testamentum fixirt, so braucht es keiner weiteren Bestimmung mehr, außer dessen kommt es auf obige Umstände an, und hält man gemeiniglich den 10. Theil von des Pupillens Einkünften für ein ziemliches proportionirtes Quantum eines jährlichen Salarii für den Vormund. . . Unter mehr Vormündern wird das Salarium getheilt.

6. Der frühere Ususfructus des Vormunds an dem ganzen Vermögen ist durch dieses Salarium ersetzt. —

§ 16.

Von Vormundschaftsrechnungen [a]).

Der Vormund muß von seiner geführten Verwaltung Rechenschaft geben, und zu dem Ende

1. über alle Einnahmen und Ausgaben, wie ein jeder anderer getreuer und redlicher Verwalter, richtiges und ordentliches Manual [b]) halten, damit er seine Rechnung [c]) hieraus verfertigen, und solche

2. nicht nur bei geendigter Vormundschaft ablegen, sondern auch auf Begehren jährlich [d]), oder so oft man es für nöthig finden würde, wenigstens summarische [e]) Anzeige thun möge; und zwar

3. dem Pupillen selbst nach bereits erlangter Majorennität [f]), oder da die Vormundschaft noch fortdauern soll, der Obrigkeit, oder unter siegelmäßigen Personen den nächsten Anverwandten [g]) oder sonst jenen, welche den Pupillen von Rechtswegen zu vertreten haben.

4. Ist der Vater als Vormund eine förmliche Rechnung abzulegen zwar niemals schuldig, von der summarischen Anzeige [h]) und Specification [i]) aber so wenig, als die Mutter und andere Vormünder befreiet.

5. Wann der Vormund unter einer anderen Obrigkeit stehet, als welche ihn anfänglich bestellt und bestätiget hat, so gebührt zwar dieser letzteren die Rechnungsaufnahme, Einsicht und Verhandlung [k]), jener hingegen die Verschaffung [l]) und auf allenfallsigen Rückstand die Exekution [m]), beides andergestalt nicht, als auf Requisition [n].)

6. Sind bei der Rechnungsaufnahwe alle Gastereien und andere unnöthige Aufwände zu unterlassen, sohin auch in der Rechnung nicht zu passiren [o]).

7. Soll dem Vormund nach abgelegter Rechnung und befundener Richtigkeit von denjenigen, welchen er solche obgedachtermaßen [p]) abzulegen gehabt hat, ein schriftliches Absolutorium [q]), oder Quittung ertheilt, oder da sich etwa

8. Streit und Irrung darüber ergiebt, die Sache bei obbemeldeter Obrigkeit [r]) rechtlich verhandelt und entschieden werden; soviel aber

9. die nochmalige Revision [s]) einer bereits abgelegten und abjustirten [t]) Vormundschaftsrechnung betrifft, ist der Unterschied zu machen, ob das Absolutorium und die Quittung bereits von dem Pupillen selbst nach erlangter Majorennität oder aber nur während der Vormundschaft von der Obrigkeit, Anverwandtschaft und anderen den Pupillen vertretenden Personen ausgestellt worden sei. Erstenfalls hat eine neue und nochmalige Rechnungsrevision andergestalt nicht, als ex capite doli aut erroris calculi [u]) mehr Platz, andernfalls aber kann man pro viam restitutionis in integrum [v]), wann anders eine merkliche Läsion [w]) dargethan werden mag, annoch dazu gelangen.

Noten zu § 16.

a) Bezüglich des Rechnungswesens in Schwaben s. die Verordnungen vom 24. Jänner 1806 und 4. Mai 1807. (R.-Bl. 1806. S. 81; 1807. S. 915.) V. v. 1. Merz 1804. (Schw.

R.=Bl. 1804. S. 180.) — Vergl. § 25 Note a. — Väterliches Rechnungsverbot. Seuff. Archiv Bd. V. No. 192. — Klage auf Rechnungsablage. S. Arch. Bd. XIV. No. 233; Deren Verjährung: S. Arch. Bd. XIV. No. 233. — Klage auf Ertheilung des Justifikatoriums, (Absolutoriums): S. Arch. Bd. XIX. No. 34. — Das obervorm. Dezisionsverfahren ist kein Rechnungsprozeß: S. Arch. Bd. XIX. No. 201.

b) Manual = Tagbuch, worin alle Einnahmen und Ausgaben nach der Zeit ihres Anfalles nacheinander eingetragen werden. —

c) Rechnung = Nachweisung der einzelnen Ausgabsposten s. Bl. f. R.=A. Bd. I S. 291. — Allgemeine Erforderniſſe: Bl. f. R.=A. XXX. 395. — Seuffert's Archiv Bd. V. No. 83. — Bd. X. No. 63. — Bd. XII. No. 238. Man sehe hierüber den besonderen Abschnitt dieses Werkes über das Rechnungswesen. —

d) Nach der V. v. 3. Jänner 1774 ist die Obrigkeit verpflichtet, dafür zu sorgen, daß die Rechnungen von 3 zu 3 Jahren und nach dem Eintritt der Großjährigkeit der Kinder abgelegt werden (Mayer's Gen.=S. Bd. I. S. 357. — Suppl. zum b. L.=R. a. a. O.) — Vormerkung der Rechnungstermine s. Geschäfts= u. Registratur=Ordnung v. 20. Sept. 1863. § 38. (J.=M.=Bl. 1863. S. 123.); Vorschr. über die Anlegung der Vormerkungsbogen, (J.=M.=Bl. 1864. S. 192. 193.); J.=M.=E. v. 4. Aug. 1866. Ziff. IV. (J.=M.=Bl. 1866. S. 224.) —

e) summarische = die Hauptsummen darstellende, allgemeine. —

f) Majorennität = Großjährigkeit s. § 36 Ziff. 1 u. 7.

g) Mit Aufhebung der Vorrechte der Siegelmässigen in der nichtstreitigen Rechtspflege hat auch dieses Vorrecht aufgehört. Vergl. Note d zu § 10. —

h) summarischen. S. Note e u. § 9 Ziff. 2. — Kos. § 28. Note 2. S. 54. — Keine Verbindlichkeit des Vaters zur Rechnungsablage: Seuff. Archiv Bd. III. No. 337. —

i) Spezifikation = Namentliche Verzeichnung — Genaue Namhaftmachung — Einzelne Beschreibung (des Vermögens), — im Gegensatze zur summarischen Darstellung. s. Note c.

k) Erhebung von Revisionsgebühren verboten. (J.=M.=E. v. 19. Oktober 1854. (Z. f. G.=G. u. Rpfl. Bd. I. S. 440. 441.) — Vergl. übrigens V. v. 21. Sept. 1813. (R.=Bl. 1813. S. 1289), wornach „bei denjenigen Landgerichten, bei welchen die Revision durch Quieszenten geschieht, diesen hiefür ein Fünftheil der nunmehr mit $^1/_2$ per Zent der Bruto Einnahme bestimmten Revisionstaxe verabfolgt werden sollen.“ Gemäß obiger J.=M.=E. müssen aber die Rechnungen von den Pflegschaftsbeamten selbst ohne besondere Vergütung hiefür revidirt werden. — Ueber Tax= und Stempelanwendung zu den Rechnungen siehe das Ausführlichere in dem besonderen Abschnitte über das Tax=, Stempel= und Rechnungswesen. —

l) Verschaffung = Vorladung. Ueber die Verschaff=Gebühren s. den besonderen Abschnitt über das Taxwesen. —

m) Exekution = der gerichtliche Zwangsvollzug. —

n) Requisition = Ersuchschreiben. S. Gesch. u. Registr.=Ordnung. —

o) passiren = hingehen lassen, gestatten, gedulden. — S. den besonderen Abschnitt über Tax= und Stempelwesen.

p) obgedachter Massen = Ziff. 3 dieses §. —

q) Absolutorium = Lossprechungsurtheil. —

r) welche den Vormund nach Ziff. 5 oben bestellt und bestätigt hat. —

s) Revision = Durchsicht, Prüfung. — S. oben Note c.

t) adjustirten = geordneten, obrigkeitlich beschiedenen. —

u) ex capite doli aut erroris calculi = aus dem Grunde eines Betruges, — oder Rechnungsverstoßes. — Vergl. § 23 Note k.

v) per viam Restitutionis in integrum. — auf dem Wege der Wiedereinsetzung in den vorigen Stand, s. § 30. —

w) Laesion = Verletzung, Benachtheiligung. —

Auszüge aus Kreittmayr's Anmerkungen zu § 16.

1. . . . Die Art und Weise sothaner Verrechnung hat auch nichts Singulaeres an sich, sondern ist die nemliche, welche jeder andere redliche und getreue Verwalter zu beobachten hat . . . gebührende Rechnung. Kurz zu sagen bestehet solche lediglich in Einnahme und Ausgabe, welche nicht summatim und in Pausch angezeigt, sondern in ein Libell punktatim zusammen=

getragen, Posten für Posten mit Schein, Attestaten oder anderen Behelfen der Nothdurft nach belegt, der Rest hinaus oder herein am Ende angezeigt, und endlich auch das Inventarium, soferne eines vorhanden, als Caput et Fundamentum omnis Administrationis mit beigelegt wird. Gleichwie nun ohne Manual und Handbuch, worin die Einnahme und Ausgabe täglich, wöchentlich, monatlich pro notitia fleißig aufgezeichnet wird, eine richtige Rechnung zu verfertigen kaum möglich ist, so erfordert unser Codex von einem Vormund so, wie von jedem anderen Verwalter, nicht umsonst, daß er ein richtiges und ordentliches Manual halte, außer dessen ist er schon voraus in großen Verdacht, daß er nicht viel Guts im Sinne gehabt haben müsse. Alles Uebrige, was bei dem Rechnungs-Styl zu beobachten ist, erlernt sich mehr ex praxi als theoria. . .

2. . . . De jure Bavarico wird zwar ebenfalls jährliche Rechnung gefordert, jedoch mit Ausnahme der kleineren Vormundschaften, bei welchen es zur Vermeidung der Kosten ad arbitrium ausgestellt bleibt. Dem unser Codex so weit inhärirt, daß man nicht nur alle Jahr, sondern so oft man es für nöthig findet, wenigstens summarische Anzeige von Einnahme und Ausgabe thun solle, beides andergestalt nicht, als auf Begehren derjenigen, welche nach Ziff. 3 flg. dessen berechtigt sind.

3. . . . Jene Rechnungen, welche noch während der Vormundschaft abgelegt werden, nimmt entweder die Obrigkeit laut oballegirter Reichspolizeiordnung selbst auf, oder sie bestellt einen Curatorem specialem ad hunc actum, oder überläßt es bei abgeänderter Vormundschaft demjenigen, welcher dem Vormunde in seinem Amte succedirt.

4. Kein Vormund ist soweit befreit, daß er gar keine Rechnung ablegen darf, sondern es sind überhaupt alle ohne Ausnahme hierzu verbunden, mit dem alleinigen Unterschied, daß etwelche nur eine summarische Anzeige oder Spezifikation statt ordentlicher Rechnung herauszugeben schuldig sind, worunter erstlich jene gehören, welche der Rechenschaft per Pactum vel Testamentum ausdrücklich begeben sind, indem sich sothane Befreiung niemals von aller, sondern nur von bemeldter ordinärer Rechnung versteht. . . .

5. . . . Ausgenommen viertens in casu mutati Domicilii, denn da ist Judex loci, wo das neue Domicilium aufgeschlagen wird, durchaus Judex competens. Welcher Casus sich jedoch selten ergiebt, weil der Pupill das Domicilium für sich gar niemals, der Vormund aber andergestalt nicht, als mit obrigkeitlicher Erlaubniß verändern darf.

6. 7. Die Art und Weise, eine Vormundschaftsrechnung aufzunehmen, bestehet darin, daß man nicht nur die Latera summiren, und den calculum ziehe, sondern auch den Inhalt der Rechnung sammt den dahin gehörigen Verifikationen Posten für Posten examinire, das Inventarium und den wirklichen Vermögensstand einsehe, die Bedenken und Ausstellungen hierüber formire, solche von dem Vormund hinwiederum erläutern, und den Rest auszeigen lasse nach befundener oder gepflogener Richtigkeit aber demselben schriftliches Absolutorium und Quittung ertheile, und zwar eine Endsquittung, wenn über die ganze Vormundschaft bei Endigung derselben abgerechnet worden, sonst aber nur eine Partikular oder Interimsquittung für die berechneten Jahrgänge, wobei zugleich nach num. 9 ein merklicher Unterschied ist, wenn die Quittung erst nach erlangter Majorennität, oder noch vor derselben ertheilt werden soll. Erstenfalls quittirt der Majorenn selbst, andernfalls aber derjenige, dem man nach Ziff. 3 die Rechnung von Rechtswegen abzulegen schuldig ist; salva tamen restitutione in integrum, wenn letzterenfalls der Pupill durch eine solche Quittung merklich lädirt wird. . .

In der Quittung soll zwar vermöge Landesrecht Einnahme, Ausgabe und Rest vermeldet werden, ex ratione, weil die Generalquittungen gemeiniglich nur auf Schrauben gestellt sind. Wie aber dieses weder mehr in usu noch allenthalben recht praktikabel ist, so übergeht solches unser Codex mit Fleiß und läßt es sohin bei der gebräuchig allgemeinen Quittungsform bewenden.

8. 9. Streitigkeiten in vormundschaftlichen Rechnungssachen müssen nach römischem Recht per solennem actionem incaminirt werden, welches aber nicht mehr gebräuchig ist, sondern wenn der Vormund seine Schuldigkeit nicht selbst gern thut, hält man ihn ad nudam implorationem per mandata S. C. dahin an. Das bay. Landrecht will erstens gar von Amtswegen ohne aller vorhergehender Rechtfertigung hierunter prozedirt wissen, welches jedoch nur von dem Fall zu verstehen ist, wenn der Vormund entweder mit Ablegung der Rechnung, oder mit Bezahlung eines liquiden und richtigen Hinterstands säumig oder ungehorsam erfunden wird. Außer dessen verfährt man sowohl hierzuland als bei den höchsten Reichsgerichten wie in andern Streitigkeiten nach Gestalt der Umständen bald in via sumarissima, bald ordinaria. Auf gleiche Weise verfährt man auch gegen die Erben des Vormunds, sofern er nicht schon

in Lebzeiten Richtigkeit gepflogen hat, denn sie vertreten den defunctum auch der rückständigen Rechnung halber, jedoch dergestalten, daß man es bei der Abrechnung eben nicht so genau mit ihnen nimmt, wie mit dem Defuncto selbst. Die Römer pflegten zweitens in Rechnungsdifferenzen Arbitros entweder auf Anrufen oder von Amtswegen zu erneuern, heutzutage aber greift man gemeiniglich den Commissionsweg und instruirt die Commissarien dahin, daß sie die streitigen Punkte ohne Weitläufigkeit durchgehen und gütlich beilegen, oder beide Parteien mit ihrer Nothdurft kurz ad Protocollum hierüber vernehmen, und was gar altioris indaginis ist, zum besonderen schriftlichen Verfahren ausgestellt lassen sollen, wobei man auch der Entscheidung selbst allzeit mehr ex aequo et bono als secundum rigorem zu gehen pflegt. Ist nun drittens der Vormund in Ablegung der Rechnung contumax, so hat Juramentum in litem gegen ihn statt, wie auch, wenn er das Inventarium oder andere zu förmlicher Abrechnung nöthige Stück dolo vel culpa hinterhält. Bezeigt sich hingegen Contumacia nicht in Ablegung, sondern in Aufnahme der Rechnung, so wird solche entweder praevia comminatione für abgelegt und justifizirt erachtet, oder wenigstens die Aufnahme sumptibus des morosen Theils Jemand ex officio übertragen. — . . .

§ 17.

Von vormundschaftlicher Autorität [a]) in des Pupillens Handlungen mit Anderen.

Was der Pupill in seinen Sachen ohne Bewilligung und Autorität des Vormunds [b]) thut oder handelt, hat

1. wenigstens auf seiner Seite keine Kraft und Verbindlichkeit [c]), wohl hingegen ist und bleibt

2. der Andere, welcher sich mit ihm einläßt, verbunden, wann der Pupill Vortheil davon hat, und seines Orts gleichfalls Praestanda prästiren [d]) will. Nicht weniger bleibt

3. der Bürg, welcher sich für den Pupillen darstellt, allerdings obligirt [e]), und kann sich mit der Ungiltigkeit der Haupthandlung nicht schützen.

4. Haftet der Pupill aus solcher Handlung selbst soweit, als er sich dadurch bereichert [f]) oder gefährlicher Weise Jemanden Schaden gethan hat [g]). In Sachen, welche

5. zu des Pupillen offenbaren Nutzen gereichen, kann der Vormund den Consens [h]) nicht abschlagen, und wird derselbe allenfalls von Amtswegen durch die Obrigkeit ersetzt [i]). Im Uebrigen machen zwar

6. die Römischen Rechte zwischen Pupillen unter oder über sieben Jahren hierinfalls auch einen Unterschied, und erfordern hiernächst, daß der Vormund bei der Handlung selbst allzeit gegenwärtig sei, und gleich auf der Stelle ohne Bedingniß und Vorbehalt darein willige; es ist aber all dieses dem hiesigen Landesgebrauch nicht gemäß, sondern es kann der Vormund auch abwesend, oder erst nach geschehener Handlung bedingnißweise und ohne Unterschied, ob der Pupill das siebente Jahr schon erfüllet hat oder nicht, seine Auctorität interponiren [k]). Was aber

7. auf solche Weise einmal von ihm gut geheißen ist, das bleibt bei Kräften, jedoch mit Vorbehalt der Restitution in integrum [l]), wann der Pupill merklich dadurch lädirt [m]) worden.

Noten zu § 17.

a) Autorität = Ansehen, Würde, Gewalt, Erlaubniß, Vertretung, Vollwort. — Obervormundschaftlicher Consens ohne Autorität des Vormundes unwirksam. (Seuff. Arch. Bd. II. No. 198.

b) Klageform gegen Bevormundete: Bl. f. R.-A. VIII. 108. — Autorität bei Intercessionen minderjähriger Frauenspersonen: Bl. f. R.-A. X. 286; die hier entwickelte Ansicht dürfte jedoch unrichtig sein und zu Absurditäten führen; man denke sich nur den Fall einer Consenssuplirung durch die Obrigkeit, vielleicht III. Instanz. — Autorität bei Darlehensaufnahmen: Bl. f. R.-A. XI. 138. —

Benehmen der Notare gegen Curatelmässige: Not.-Ge.f Art. 49. —

Statutenkollision beim Erbschaftsanfall im Auslande für einen furiosus: Seuff. Arch. Bd. VI. No. 307. — Unzuläßigkeit einer Intervention des Curanden: Seuff. Arch. Bd. VII. No. 105. — Obervormundschaftlicher Streitsconsens: Seuff. Arch. Bd. VII. No. 359. — Vertretung minderjähriger Offiziere: Seuff. Arch. Bd. V. No. 138 Bd. XI. No. 25. — Verträge Minderjähriger: Seuff. Arch. Bd. XIII. No. 241. — Verträge zwischen Hausvater und Hauskind: S. Arch. Bd. XIII. No. 267; — Bd. XIV. No. 44. — Bd. XV. No. 30. — Bd. XVII. No. 255; Bd. XIX. No. 160. — Verträge minderjähriger Hauskinder: S. Arch. Bd. XV. No. 113. — Eidesleistung: Seuff. Arch. Bd. XVII. No. 184; — Bd. XVIII. No. 193 u. 194. — Einrede des Curanden gegen Dritte, daß die Curatelbestellung ungiltig war: S. Arch. Bd. XX. No. 11. — Abschluß gewöhnlicher Dienstkontrakte: S. Arch. Bd. XX. No. 25. — Restitution hiegegen: S. Arch. Bd. XX. No. 97. — Erbverträge: Seuff. Arch. Bd. V. 202. — Einrede gegen den Vormund, daß die Curatel nicht begründet war: Seuff. Arch. Bd. IV. No. 128; Bd. VI. No. 219. —

c) Bezüglich der Handelsgewerbe s. Art. 7 des b. Einf.-Ges. z. allg. d. H.-G.-B. u. Lutz Commentar hiezu. —

d) Praestanda praestiren = die übernommenen Verbindlichkeiten erfüllen. — Ueber die Wirkungen des Bestärkungseides s. Seuff. Arch. Bd. II. No. 261; Bd. XI. No. 209; Bd. XIII. No. 13.

e) obligirt = verpflichtet, haftbar. —

f) Bereicherung s. Bl. f. R.-A. XXX. 63. Vgl Lbr. Thl. IV. Cap. XIV. § 5.

g) Haftung der Unmündigen ex lege Aequilia: Bl. f. R.-A. XXX. 29. — Lbr. Thl. IV. Cap. 16. § 6 No. 8. — S. Arch. Bd. XVIII. No. 247. — Haftung aus Quasikontrakten s. Lbr. Thl. IV. Cap. I. § 12. — Vertheidigung ex delicto: S. Arch. Bd. XV. No. 113; Bd. XVI. No. 230. — Wechsel-Akzept eines Minderjährigen, der sich für großjährig ausgegeben: S. A. Bd. XV. No. 153.

h) Consens = Einwilligung, Genehmigung, Erlaubniß.

i) Ueber das Verhältniß des Vormundes zur Obervormundschaft s. Bl. f. R.-A. XIX. 177. — Vergl. oben Note a u. § 29 Note d. — Reichspolizeiordnung von 1577 (§ 1, Note a oben). · Consensuplirung bei Verehelichungen. Gründe: Seuff. Arch. Bd. X. No. 182.

k) seine Autorität interponiren = seine Würde einlegen, seine Genehmigung ertheilen. —

l) Restitution in integrum = Wiedereinsetzung in den vorigen Stand s. § 30. — Seuff. Arch. Bd. II, No. 270.

m) laedirt = verletzt, benachtheiligt. — Erforderniß der Verletzung s. Seuff. Arch. Bd. V, No. 247.

Auszüge aus Kreittmayr's Anmerkungen zu § 17.

1. Eben darum, weil der Vormund Administrator Pupilli ist, folgt ganz natürlich, daß dieser Letztere für sich selbst nec nolle nec velle hat . . . . wird inter Tutoris autoritatem et Curatoris consensum nicht mehr so, wie bei den Römern distinguirt, sondern es ist eins.

2. Jetztgedachte Regel leidet ihren Absatz in solchen Handlungen, welche dem Pupillen profitabel sind. Und obwohl hierbei in theoria mehr ad naturam negotii, als den Effekt und Ausgang derselben gesehen wird, so ist doch die Sache in praxi umgekehrt, und wird das Augenmerk nur darauf genommen, ob die Handlung vortheilhaft vor den Pupillen ausgefallen

sei, welchenfalls dieselbe allerdings besteht, und nicht umgestoßen werden kann, wenn man anders pupillarischer Seits darauf beharren, und dasjenige seines Orts ebenfalls prästiren will, was das Negotium mit sich bringt.

Weigert sich nur der Pupill oder sein Vormund, solchenfalls Praestanda zu prästiren, so muß er auch den Vortheil dagegen schwinden lassen. Also wenn z. E. der Pupill zwar ohne Vormund, jedoch mit Profit eine Erbschaft antritt, so hat er die Wahl, ob er darauf beharren will oder nicht. Letzterenfalls gibt er die angetretene Erbschaft wiedrum heraus, erstenfalls bezahlt er aber auch die debita Defuncti, welche jeder Erbe zu bezahlen hat, und kann sich dessen unter dem Vorwand, daß das Geschäft nur in utilibus subsistire keineswegs entnehmen, denn soweit geht der Favor Pupilli nicht, und es würde solcher nicht mehr de damno sondern de praeda certirt heißen.

3. 4. Weiters wird obgedachte Regel limitirt erstens . . . . zweitens in casu da der Pupill bereichert wird, welches nicht geschieht, wenn die Sache bereits konsumirt ist. . . . viertens in quasi contractibus, soweit er dadurch mehr ex lege et aequitate als facto suo obligirt wird; z. E. in Negotiorum gestione vel Communione . . . sechstens in Matrimonial- und anderen dergl. causis spiritualibus quoad effectus ecclesiasticos, weil man hierin gleich nach erlangten Diskretionsjahren für majorenn geachtet wird. . .

5. . . . Der Vater suplirt nichts sofern er es nicht als Tutor legitimus thut, vielweniger die Anverwandte, ja sogar nicht einmal der Ehrenvormund, nach § 32 n. 7. Bezüglich mehrerer Vormünder s. § 31.

6. . . . Ob es wohl also eben keine Nothwendigkeit mehr ist, daß der Vormund den Pupillen mit beiziehe, so ist es doch in gar wichtigen und zumal seiner Person betreffenden Sachen nichts Ungewöhnliches.

§ 18.

Und (von vormundschaftlicher Autorität) in Handlungen den Vormund selbst betreffend.

In Sachen, welche den Vormund selbst betreffen [a]), kann er

1. seine vormundschaftliche Autorität [b]) nicht verwenden, sondern es muß dieß bei Vermeidung der Nullität [c]) durch den Nebenvormund, oder da keiner vorhanden ist, durch einen von der Obrigkeit ad hunc actum specialiter bestellten Curatorem [d]) geschehen; insonderheit kann und soll er

2. ohne Genehmigung der Obrigkeit weder von dem Pupillengeld anlehensweise aufnehmen, noch sich selbst um das, was ihm jener nicht von der Vormundschaft, sondern anderer Ursachen wegen etwa schuldig ist, bezahlt machen; vielweniger von ihm kaufen, tauschen, oder sonst auf andere Weise entweder selbst, oder durch Mittelspersonen mit ihm handeln, oder sich von anderen die Jura gegen den Pupillen cediren [e]) lassen. Wohl hingegen kann er

3. in Sachen, welche zwischen ihm und dem Pupillen gemeinschaftlich sind, zugleich proprio et tutorio Nomine [f]) mit anderen handeln, ohne daß es derowegen eines besonderen Curatoris oder Nebenvormundes hierzu bedarf; und diese nemliche Beschaffenheit hat es

4. wann der Vormund von des Pupillens Gütern durch öffentliche und von der Obrigkeit angeordnete Gant etwas an sich bringt [g]).

Noten zu § 18.

a) S. Bl. f. R.-A. Bd. X. S. 32.
b) Autoritaet = s. § 17. Note a.

c) Nullitaet = Nichtigkeit.
d) ad hunc actum specialiter bestellten Curatorem = zu dieser Handlung besonders bestellten Vormund (Curator) s. § 38.
e) Die jura gegen den Pupillen zediren = die Rechte gegen den Pflegling abtreten.
f) proprio und tutorio Nomine = sowohl im eigenen Namen wie auch in der Eigenschaft als Vormund.
g) Veräußerungen an den Vormund s. Seuffert's Archiv. Bd. I. No. 84. Bd. V. No. 193. — Cessionen an den Vormund: Seuff. Archiv Bd. IX. No. 23; — Bd. XIX. No 36. —

Auszüge aus Kreittmayr's Anmerkungen zu § 18.

1. 2. 3. 4. . . . Und wenn der Handel in einer Alienation bestehet, so soll derselbe entweder aus Befehl, oder wenigstens mit Vorwissen und Begnehmigung der Obrigkeit geschehen. . . . . Mehrgedachte Requisita zessiren siebentens in all jenen Handlungen, worin man juxta § 18 keiner vormundschaftlichen Authorität bedarf: item in Handlungen welche nicht während der Vormundschaft, sondern schon vor oder erst hernach geschehen sind. Ferner in Handlungen, welche nur auswärtige, und unter besonderer Vormundschaft oder Administration stehende Güter betreffen. . . . Die Strafe, welche achtens auf Handlungen ohne Beobachtung vorgemeldeter Requisiten geschlagen ist, bestehet zwar Jure Romano in amissione rei et solutione quadrupli, sie ist aber heut zu Tage so wenig als die direkte Poena usurae centesimae mehr in usu, daher auch unser Codex mit Fleiß davon abstrahirt, und statt derselben eine willkürliche Straf nebst der poena nullitatis actus darauffsetzt. . .

§ 19.

Von dem Facto Tutoris [a]) und wie der Pupill solches zu praestiren [b]) habe.

Was der Vormund in Vormundschaftssachen thut oder handelt, das wird auch

1. sammt allen daraus fließenden Rechten und Verbindlichkeiten für es Pupillen eigene Sache geachtet, derowegen er
2. nach beendigter Vormundschaft und erlangter Großjährigkeit ex facto tutoris [c]) sowohl Andere rechtlich belangen, als von Anderen hierum belangt werden kann [d]). Ein anderes ist
3. was der Vormund nicht in vormundschaftlichen, sondern selbsteigenen oder anderen Sachen thut, welches auch
4. in Zweifel allezeit gemuthmasset wird, so lange nicht aus der Handlung selbst oder sonst das Widerspiel erscheinet [e]).
5. Wann sich der Vormund in Vormundssachen zugleich als Bürgen [f]) darstellt, so mag er auch hierum sowohl vor, als nach geendigter Vormundschaft belangt werden; und da er etwa
6. zwar für sich und in eigenem Namen, jedoch mit des Pupillen Geld handelt, so mag sich dieser seiner Zeit an das erhandelte Gut, und die davon abgefallenen Nutzungen halten, soweit er das hierzu verwendete Geld sammt den gewöhnlichen Interessen auf anderer Art nicht mehr erholen kann. Ex dolo vel culpa Tutoris [g]) haftet
7. der Pupill nur so weit, daß er dem beleidigten Theil entweder genugthun, oder wenigstens seine Aktion gegen den Vormund cediren [h]) muß.

8. Hat er auf dem Fall, da er durch das factum tutoris lädirt [i]) wird [k]), die Wahl, ob er gegen den Dritten restitutionem in integrum [l]), oder gegen den Vormund seinen Regreß [m]) suchen wolle.

9. Kann keine vormundschaftliche Handlung von dem Pupillen unter dem Vorwand, daß er von dem Vormund nicht mit beigezogen worden, umgestoßen werden. Falls aber

10. andere rechtserhebliche Ursachen dazu vorhanden sind, so läßt sich gleichwohl das factum nicht abtheilen, sondern der Pupill muß solches entweder ganz agnosciren [n]), oder ganz anfechten.

Noten zu § 19.

a) Facto tutoris = von der Handlung des Vormundes. —
b) praestiren = leisten, erfüllen, vollziehen. —
c) ex facto tutoris = aus der Handlung des Vormunds. —
d) Ueber Wechselverbindlichkeiten vergl. Note i zu § 12. —
e) s. § 18. —
f) Vergl. Landrecht Thl. IV. Cap. 10 u. Thl. I. Cap. 7. § 9. Ziff. 4.
g) ex Dolo vel culpa Tutoris = für Betrug und Fahrlässigkeit des Vormundes.
h) Action zediren = Klagerecht abtreten. —
i) durch das factum tutoris lädirt = durch die Handlung des Vormunds verletzt (benachtheiligt). —
k) Ueber unbefugte Wechselerklärungen der Vormünder s. Allg. d. W.-O. Art. 95. —
l) s. § 30. —
m) Regress = Ersatzanspruch, Entschädigung, Schadloshaltung, Rückgriff. —
n) agnosciren = anerkennen. —

Auszüge aus Kreittmayr's Anmerkungen zu § 19.

1. 2. . . Der Vormund vertritt sein Factum nur solang, als er das Vormundschaftsamt auf sich hat. Sobald aber dasselbe einmal legaliter abgelegt ist, so wird das Factum nicht mehr von ihm, sondern von dem folgenden Vormund und Amtssuccessoren oder nach erlangter Majorennität von dem Pupillen selbst vertreten. Der gewesene Vormund hat alsdann gar nichts mehr damit zu thun, weil es nach geendigter Vormundschaft an dem Fundamento actionis, d. i. an dem Vormundschaftsamt bei ihm ermangelt, ausgenommen, wenn er in dolo vel culpa gewesen, oder für den Pupillen cavirt hat, welchen letzteren Falls er jedoch nach § 15 von dem Pupillen wiederum liberirt oder indemnisirt werden muß.

3. 4. 5. 6. Factum tutoris heißt nur das, was der Vormund nicht in eigenen oder anderen Sachen, sondern als Vormund in Sachen den Pupillen betreffend thut oder handelt. — . . .

7. 8. 9. 10. . . Desgleichen kann Factum Tutoris von dem Pupillen nicht halb anerkannt, halb angefochten werden, sondern es muß eins von beiden ganz geschehen. . .

§ 20.

Von der Excusation [a]) und Entschuldigung eines Vormunds.

Die Vormundschaft kann

1. ohne rechtserheblicher Entschuldigung nicht abgelehnt werden; wer aber genugsame Entschuldigungsursache zu haben vermeint, soll solche

2. bei gehöriger Obrigkeit, d. i. bei jener, welche ihn bestellt hat und zwar von Zeit, da ihm der obrigkeitliche Auftrag intimirt [b]) ist, längstens

inner 14 Tagen sub poena praeclusi [c]) anzeigen, sind der Ursachen mehr, so soll man sie auch

3. unter der nemlichen Straf zugleich auf einmal vorbringen.

4. Ist nicht genug, daß man die Ursache nur allegire [d]), sondern wann sie auf der Geschicht [e]) beruht und nicht sonst notorisch [f]) ist, so muß selbe auch bewiesen sein; wobei mit dem Beweis summarissime [g]) und mehr von Amts wegen verfahren werden soll. Mutter und Ahnfrau müssen sich zwar

5. ebenfalls entschuldigen, sind aber gleichwohl die Ursache zu specificiren nicht verbunden; Untüchtige und vermöge vorhergehenden § 3 von der Vormundschaft ausgeschlossene Personen bedürfen

6. keiner Entschuldigung, dafern aber ihre Untüchtigkeit nicht kundbar ist, so soll man sie inner obigem Termin bei willkührlicher Straf anzeigen, und sich sofort die Obrigkeit von Amts wegen hierüber erkundigen. Von bloßer Benennung oder Bestellung eines Vormunds hat

7. keine Appellation statt, sondern man soll sich zuvor entschuldigen; und da dessen ohngeachtet dem Auftrag inhärirt [h]) wird, alsdann erst greift die Appellation [i]) an die höheren Richter platz, wo inmittels pendente lite [k]) ein Curator bestellt wird. Muthwillig befundene Appellanten [l]), wie auch all' Jene, welche sich

8. der Vormundschaft ohne hinlängliche Ursache weigern, oder ihre Entschuldigung nicht legaliter [m]) vorbringen, sollen nicht nur durch ergiebige Zwangsmittel angehalten, sondern auch in alle dem Pupillen aus ihrer Verzögerung und Widerspenstigkeit zugehende Schäden condemnirt [n]), annebens von der Obrigkeit willkührlich gestraft werden; wohingegen

9. alle übrigen in den gemeinen Rechten hierauf gesetzten Strafen nicht mehr in Uebung sind.

Noten zu § 20.

a) Excusation = Entschuldigung. —
b) intimirt = zugestellt, ertheilt. —
c) sub poena praeclusi = bei Vermeidung des Ausschlusses. —
d) allegire = anführe. —
e) auf der Geschichte = auf Thatsachen. —
f) notorisch = gerichtsbekannt. G.-O. Cap. XII. § 5. —
g) sumarissime = höchst summarisch, auf die einfachste und kürzeste Weise, ohne besondere Förmlichkeiten. Vergl. G.-O. Cap. III. § 3. —
h) inhaerirt = verharrt, bestätigt. —
i) Appellation = Berufung, Beschwerde. — G.-V.-G. Art. 30. 43 u. Note a zu § 29.
k) pendente lite = während des Streites. —
l) Appellanten = Beschwerdeführer. —
m) legaliter = gesetzlich. —
n) condemnirt = verurtheilt. —

Auszüge aus Kreittmayr's Anmerkungen zu § 20.

1. Die Vormundschaft wird l. 1. § 3 ff. de Mun. et hon. unter die officia et munera publica gerechnet, deren sich keiner, welcher a lege, testamento vel judice hierzu berufen ist, ohne hinlänglicher Entschuldigungsursache entnehmen kann. . .

2. 3. 4. 7. . . . u. gilt annebens gleich, ob man sich in Person oder per Procuratorem schriftlich oder mündlich entschuldige. —

8. 9. . . . Man hält ihn auch solchenfalls bei Geldstrafe, Personalarrest und anderen ungiebigen Zwangsmitteln zur Vormundschaft an. . .

§ 21.

Rechtmäßige Entschuldigungsursachen [a]).

Obwohl in den römischen Rechten gewisse Entschuldigungsursachen, insonderheit hohes Alter, Vielheit der Kinder, lange Abwesenheit in landesfürstlicher oder anderen das gemeine Wesen betreffenden Geschäften, obhabende andere Vormundschaftsverwaltungen, Begleitung wichtiger und ansehnlicher Aemter, Unerfahrenheit in den zur Vormundschaft gehörigen Sachen, und mehr dergleichen ausdrücklich vorgeschrieben sind; so kommt es doch hierin nach hiesigem Landesgebrauch nicht so viel auf die Vorschrift der Rechten, als die Beschaffenheit der Umstände an, woraus die Obrigkeit von selbst leicht ermessen wird, ob und wie weit die vorgebrachte Ursache entweder vor oder nach angetretener Vormundschaft zur Entschuldigung hinreiche.

Noten zu § 21.

a) Vergl. § 3 und 24. — Eigene Kinder: Seuffert's Archiv Bd. IX. No. 175; Bd. XVII. No. 66. —

Auszüge aus Kreittmayr's Anmerkungen zu § 21.

2. Soviel die Vielheit der Kinder betrifft, werden hiezu wenigstens 5 lebende Kinder erfordert. . . Bei dem hohen Alter supponirt man wenigstens 70 Jahre, bei der Armuth aber eine solche Unvermögenheit, wodurch man zu der Vormundschaft fast untauglich wird, bei der Feindschaft einen großen und unversöhnlichen Haß, bei der Entfernung über 25 Meilen und extra Provinciam, die Ignoranz und Unerfahrenheit aber muß so beschaffen sein, daß man weder Schreibens noch Lesens kundig, noch sonst zu den Vormundschaftsgeschäften tüchtig ist. —

§ 22.

Von Endigung der Vormundschaft. [a])

Die Vormundschaft wird

1. auf Seiten des Pupillen geendiget erstlich durch den Tod [b]), zweitens durch die Adoption [c]), wann er mittels selber unter väterliche Gewalt [d]) kommt, drittens nach römischem Recht auch durch die Vogtbarkeit, oder das zwölfte und respective vierzehnte Jahr, welches jedoch durch die Lands-Statuta und den Gebrauch dergestalt abgeändert ist, daß die Vormundschaft bis zu erlangter Majorennität fortgesetzt werden muß [e]). Auf Seiten des Vormundes wird

2. die Vormundschaft geendiget, erstens durch seinen Tod, zweitens durch Erfüllung der Maaß, nach welcher etwa derselbe zum Vormund bestellt wor-

den; drittens durch seine Untüchtigkeit [f]), wann sich selbe erst nach angetretener Vormundschaft entdeckt, oder neuerlich ergiebt; viertens durch die Entlassung aus erheblicher Entschuldigungsursach; fünftens durch die im nächstfolgenden § bemerkte Remotion [g]), sechstens durch weitere Verehelichung der Mutter oder Ahnfrau, wann sie Vormünderin ist. [h])

Außer jetztgedachten Fällen soll

3. Niemand von der Vormundschaft eigenwillig abstehen, widrigenfalls man nicht nur dem Pupillen die dadurch verursachten Schäden abzuthun schuldig ist, sondern auch der Obrigkeit in willkührliche Straf verfällt. Dafern sich nun

4. die Vormundschaft nur auf Seiten des Vormunds endiget, folglich statt des vorigen ein anderer Vormund bestellt werden soll, so liegt zwar die neue Bestellung ohne Unterschied, ob der vorige Tutor testamentarius, legitimus oder dativus [i]) gewesen, der Obrigkeit ob, doch soll man hiebei die nächsten Befreundte, sofern sie tauglich dazu sind, nicht umgehen.

Noten zu § 22.

a) Unterschied zwischen Beendigung und Erledigung der Pflegschaften: Ros. § 39; — Allgem. Beendigungsgründe: Ros. § 40; — besondere: Ros. § 41—47. — Arten und Zeitpunkte der Erledigung im Allgemeinen: Ros. § 48; — beim Tode: Ros. § 49; — beim Leben: Ros. § 50. — Der Grund der Beendigung ist aktenmäßig zu machen und die Pflegschaftsbehörde hat noch alle durch die Beendigung nothwendig gemachten Handlungen vorzunehmen (vergl. folg. § 25); jedoch gehört die Ausmittelung der Erben des Pfleglings und die Nachlaßbehandlung zum Geschäftskreis der Verlassenschaftsbehörden, und die Entscheidung der Ersatzansprüche an den Vormund zur streitigen Rechtspflege: — Ros. S. 105 Note 4; § 49. S. 106. Ueber Pflegschaftsentlassung s. Ros. § 52. II. § 113. c. — Erledigung unbeendigter Pflegschaften für ein Gericht s. Ros. § 56. — Curatoren, Vormünder und Eltern sind zur Anzeige der Beendigungsgründe anzuweisen: Ros. § 105. Ziff. 2. — Die durch mehrfache J.-M.-Entschließungen vorgeschriebenen Pflegschaftsentlassungen sind längstens in 4—6 Wochen nach der Beendigung der Pfl. u. in der Regel mittels Protokollarverhandlung zu bethätigen; ausnahmsweise, wenn der Pflegling vermögenslos war, mittels Dekret: J.-M.-E. v. 11. Juni 1859. Ros. § 113 a u. Note 5, § 51, wobei der Zustellungstag als Tag der Erledigung vorzumerken ist. — a. a. O. u. G.-O. Cap. V. § 8. — Kein Beschwerderecht der Verwandten gegen eine Aufhebung der Curatel: Seuff. Arch. Bd. XV. No. 229. — Vergl. § 36. Z. 7.

b) Ueber Todesanzeigen vergl. Note b zu § 8. — Ros. § 49. —

c) Adoption = Annahme an Kindsstatt gemäß Landrecht Theil I. Cap. 5. § 8—10. — Das bayerische Landrecht, welches im Kapitel von der Vormundschaft die unehelichen Kinder ganz mit Stillschweigen übergeht, und sie nur indirekt durch Ziff. 2 des § 2 dieses Capitels mit hereingezogen hat, indem es nur die unter väterlicher (oder großväterlicher) Gewalt stehenden Kinder von der Vormundschaft ausnimmt, diese Gewalt aber nur durch die Ehe, Legitimation oder Adoption erworben wird (Ldr. Thl. I. Cap. 5. § 1), hat auch der Legitimation als eines besonderen Aufhebungsgrundes nicht gedacht, obwohl sie zweifellos ein solcher ist. Vergl. Bl. f. R.-A. Bd. XIV. 129; Ros. § 40. — Legitimation der im Ehbruch erzeugten Kinder durch nachf. Ehe: Bl. f. R.-A. IX. 43. — Einkindschaft s. Ros. § 40. — Die Entlassung der Legitimirten, Adoptirten oder Arrogirten ist erst nach eingetretener Großjährigkeit des Pfleglings vorzunehmen: Ros. § 51. Ziff. 2. § 52. I. Z. 5. § 113 b. Note 9. — Verpflichtung der Pfarrämter zur gerichtlichen Anzeige der Todesfälle und der Verehelichungen, womit eine legitimatio per subsequ. matrimonium verbunden ist. Entschl. des k. St.-M. des Innern v. 11. Juni 1841. 11. Sept. 1857. J.-M.-E. v. 19. Juni 1841 u. 20. Sept. 1857 (sämmtl. nur lithogr.) s. Ros. § 105. Ziff. 3. — Restitution gegen Legitimation: Bl. f. R.-A. XIV. 129. — Verfahren bei Adoptionen, Legitimationen und Namensänderungen s.

J.-M.-Bl. I. S. 33*. III. S. 2. IV. S. 61. 62. 157. — Z. f. G.-G. I. S. 6. Vergl. § 2 Note d. — Arrogation eines unehelichen Kindes: S. Arch. Bd. XIX. No. 159. — X. S. 401. — s. auch die Gesch. u. Registr. Ordnung. —

d) Väterliche Gewalt. Ldr. Thl. I. Cap. 5. § 1—6.

e) s. § 36 u. Nos. § 116 Note 4.

f) Untüchtigkeit nach § 3.

g) Remotion = Entsetzung s. § 23.

h) als „siebentens" gehört hieher: „Der Verlurst der Fähigkeit" nach Art. 28 u. 29 des St.-G.-B.

i) Tutor test., leg. od. dat. s. § 4 u. 8. Z. 3.

Auszüge aus Kreittmayr's Anmerkungen zu § 22.

3. . . Drittens ist die Entlassung stricti juris u. läßt sich von einem Pupillen auf den andern weiter nicht, als quoad indivisibilia ausdehnen. Viertens muß solche mit der Quittung und dem Absolutorio in puncto rationum nicht vermischt werden, denn es sind zwei ganz unterschiedliche Dinge, und bis nicht das Letztere geschieht, bleibt der Vormund ungeachtet des ersten noch allezeit in nexu und Verantwortung. Derowegen man auch ohne vorgängiger Abrechnung und Richtigkeitspflegung nicht leicht entlassen zu werden pflegt, es sei denn eine besonders erhebliche Ursache hierzu vorhanden. . . . Die Bestellung des neuen Vormunds geschieht sechstens wiederum auf die nemliche Weise, wie die vorige, folglich auch vor der nemlichen Obrigkeit, und ohne Unterschied inter tutorem testamentarium, legitimum dativum, ausgenommen in Casu mutati domicilii, denn da geht die neue Vormundschaftsbestellung durch die Obrigkeit selbigen Orts, worunter die Pupillen gezogen sind.

§ 23.

Von Amotion [a]) und Entsetzung des Vormundes.

Ein jeder Vormund kann

1. aus erheblicher Ursache [b]) der Vormundschaft entsetzt werden, stehet auch

2. Jedermann, sogar dem Pupillen selbst frei, einen verdächtigen Vormund gehörigen Orts zu denunciren [c]).

3. Hat die Obrigkeit allenfalls von Amtswegen darauf zu sehen, jedoch

4. die Ursach der Entsetzung allemal mit vorläufig summarischer [d]) Vernehmung des Vormunds in möglicher Kürze zu untersuchen, und da

5. die Sache zweifelhaft oder weitschichtig zu werden scheint, einen Neben-Vormund [e]) oder Interims-Curatoren [f]) zu bestellen.

6. Sind die Bluts-Verwandten niemals befugt, den Vormund eigenmächtiger Weise zu entsetzen, sondern es gebührt dies der Obrigkeit allein, und zwar jener, welche die Bestellung gemacht hat [g]). Im Uebrigen ziehet auch

7. die Remotion [h]) allemal eine willkührliche Straf [i]) nach sich, wann sie ob dolum vel culpam latam tutoris [k]) verhengt wird.

Noten zu § 23.

a) Amotion = Entfernung, Entsetzung. —

b) V. v. 24. Sept. (3. Okt.) 1804; die von den Vormündern auf fremde Universitäten zu verschickenden Mündel b. (Novellen zum b. L.-R.). —

c) denunciren = anzeigen. —
d) summarischer = kurzgefaßter, allgemeiner. —
e) Nebenvormund s. § 31.
f) Interims-Curatorem = Zwischenvormund s. § 38.
g) Vergl. § 7, Z. 1.
h) Remotion = Amotion = Entsetzung. s. Note a.
i) Da die Entsetzung eines Vormundes keine Strafe, sondern eine Aufsichtsmaßregel ist, so steht sie als Ausfluß der Disziplinargewalt der Vormundschaftsbehörde gemäß § 6 dieses § auch jetzt noch ohne vorgängiges strafrichterliches Erkenntniß zu. E.-G. zu dem St.-G.-B. Art. 2. 3. Ziff. 3. — Sie ist daher von dem Verlurste der Fähigkeit kraft des Gesetzes oder strafrichterlichen Urtheiles nach Art. 28 u. 29 des St.-G.-B. zu unterscheiden. — Vergl. Note h zu § 22. —
k) ob dolum vel culpam latam tutoris = wegen Arglist oder grober Fahrlässigkeit des Vormunds. Vergl. § 16, Note u.

Auszüge aus Kreittmayr's Anmerkungen zu § 23.

1.—7. . . Wer aber fünftens einen Vormund für verdächtig angibt, der kann bei erfundenem Ungrnnd actione injuriarum nicht belangt werden, sofern nur aus der Anzeige erscheint, daß man dieses mehr dem Pupillen zum Beßten, als in böser Absicht gegen Denuntiatum gethan habe. Von Amtswegen verfährt man sechstens mit der Remotion nur alsdann, wenn die Untauglichkeit oder der Verdacht offenbar ist. . . . Anverwandten stehet achtens keineswegs zu, den Vormund eigenmächtiger Weise zu entsetzen, sondern sie müssen dieses der Obrigkeit überlassen, und sich damit begnügen, daß ihnen nach geschehener Remotion die statutenmäßige Wahl eines neuen Vormunds nach § 9. n. 5 übrig bleibt. . . Beruhet nun zehntens causa remotionis auf einem dolo, so wird in Causa doli vel culpae latae nur eine willkürliche Strafe diktirt. . .

§ 24.

Rechtmäßige Ursachen der Entsetzung.

Eine rechtmäßige Ursach, den Vormund zu entsetzen ist
1. wann er ohne obrigkeitliche Bestätigung die Vormundschaft antritt,
2. kein Interventarium [a]) verfaßt,
3. für des Pupillen Person oder Vermögen nicht sorgt;
4. dessen unbewegliche Güter illegaliter [b]) veräußert, oder sonst
5. in der Verwaltung dolum vel culpam latam [c]) zu Schulden bringt;
6. in schlechten liederlichen Lebenswandel, großen Abfall seines Vermögens [d]) oder in solche Umstände verfällt, worin er laut vorgehenden § 3 nicht Vormund sein kann;
7. wann sich nach der Hand bezeigt, daß er debitor vel creditor pupilli [e]) sei; denn ein solcher wird nicht nur der Vormundschaft entsetzt, sondern verliert auch seine gegen den Pupillen gehabte Aktion [f]), respective exception [g]), ausgenommen, da aus den Umständen erscheint, daß er bei dem Antritt der Vormundschaft keine Wissenschaft von der Schuld oder Forderung gehabt, oder sich solche erst während der Vormundschaft ergeben hat; welchenfalls dem Pupillen nur ein curator ad hunc actum specialem [h]) beigegeben wird, sofern die Schuld oder Forderung nicht aus der Vormundschaft selbst, sondern aus anderen Ursachen entspringt.

Noten zu § 24.

a) Inventarium = Inventar, Vermögensbeschreibung. Ueber die Unwirksamkeit eines testamentarischen Inventurs-Verbotes s. Z. f. G.-G. u. Rpfl. III. 419. — Inventare bei Verlassenschaften der Eltern: Bl. f. R.-A. XXVI. S. 481. — Form des Inventars: Bl. f. R.-A XXXI. 350. — Zuständigkeit: Not.-Ges. Art. 19. Instr. hiezu § 103. 104. 105. — Vergl. § 25, Note b, § 9, Note b. — Inventursfreiheit des Vaters: Seuffert's Archiv Bd. XVII. No. 258. — Umfang des Inventars. S. Arch. Bd. XVIII. No. 92. —

b) illegaliter = ungesetzlich, gesetzwidrig; s. § 13. —

c) Dolum vel Culpam latam = Arglist oder grobe Fahrlässigkeit. —

d) Ein großer Vermögensabfall ist jedenfalls bei der Eröffnung des Universalkonkurses (der Gant) gegeben, kann sich aber auch schon früher zeigen. —

e) Debitor vel Creditor Pupilli = Schuldner oder Gläubiger des Mündels. Vergl. § 3. Ziff. 12. — § 5. Z. 4. — Seuff. Archiv Bd. X. No. 268; — Bd. XII. No. 47. —

f) Aktion = Klage.

g) Exception = Einrede.

h) Curator ad hunc actum specialem = ein Vormund zu dieser besonderen Handlung; s. § 38.

Auszüge aus Kreittmayr's Anmerkungen zu § 24.

1.—7. . . Ob zweitens auch culpa levis ad remotionem hinlänglich sei, ist jure communi streitig, aber probabilior sententia, quod non, und wird also diese Culpa nur mit Vergütung des dadurch verursachten Schadens bestraft. . . Als debitor vel Creditor pupilli verliert er seine Action, ausgenommen, wenn aus den Umständen erscheint, daß keine böse Absicht hierunter gesteckt habe, wie z. B. in Kleinigkeiten 2c. 2c. . . Der Spezialkurator ist nicht einmal nöthig, wenn die Schuld oder Forderung sich erst mit Gelegenheit der Vormundschaft und von derselben wegen ergeben hat, anerwogen sich der Vormund solchenfalls von des Pupillens Vermögen selbst bezalen mag. Debitum und Creditum wird auch hier nicht in Sensu stricto, und soweit es etwa nur das punctum mutui oder andere Obligationes onere personales betrifft, sondern in sensu lato genommen, dergestalt es alle Sprüche und Forderungen ohne Unterschied inter jus reale et personale betrifft. —

§ 25.

Was der Vormund nach geendigter Vormundschaft zu beobachten habe.

Die Obliegenheit eines Vormunds nach geendigter Vormundschaft ist

1. die Ablegung der Rechnung [a]);
2. Vergütung des befundenen Rückstandes;
3. die Exhibirung des errichteten Inventarii [b]);
4. die Auslieferung des pupillarischen Vermögens [c]), und bis
5. dieß Letztere auf vergnügliche [d]) Art geschehen ist, die weitere getreuliche Besorgung und Verwaltung desselben [e]).

Noten zu § 25.

a) Gemäß § 16. — Ueber Anfertigung und Bescheidung (Revision) von Vormundschaftsrechnungen siehe den besonderen Abschnitt dieses Werkes über das Rechnungswesen. — Wenn eine Curandin sich verehelicht hat, ist die Schlußrechnung vom Vormunde in die Hände des Ehemannes abzulegen. Anm. zum b. L.-R. Thl. I. Cap. 6. § 12. No. 2. 3. 4. Zweitens. — Ros. § 51. Ziff. 1. — Vergl. § 16. 10.

b) Exhibirung des Inventarii = Herausgabe der Vermögensbeschreibung. Vergl. § 9. Note b. § 24. Note a.

c) Die Observanzen in Regensburg, Straubing, Amorbach, Miltenberg, Alzenau, Augsburg, Kempten, wornach das Vermögen der großjährig gewordenen Pfleglinge von den Curatelbehörden noch bis zu ihrer Ansässigmachung oder Versorgung fortverwaltet wird, entbehren der rechtlichen Grundlage und sind für München ausdrücklich aufgehoben. (Ros. § 42 mit Note 3.) — Das Verbot der Aushändigung des ererbten Vermögens an die gemeinen Soldaten und Unteroffiziere (Ros. § 42. — J.-M.-Bl. 1864. S. 145. 177) ist aufgehoben durch Gesetz vom 10. Juli 1865. (G.-Bl. 1865. S. 105.) —

d) vergnügliche = genügende, befriedigende. —

e) Diese Bestimmungen allein rechtfertigen schon die Vornahme der durch mehrere J.-Ministerialentschließungen angeordneten sog. Pflegschaftsentlassungen, worüber Ausführlicheres bei Ros. § 51—55. — Vergl. § 22 u. 36. — Vormundschaftliche Geschäftsführung nach eingetretener Volljährigkeit: Seuff. Archiv Bd. III. No. 277. —

Auszüge aus Kreittmayr's Anmerkungen zu § 25.

1.—5. . . Daß die Vormundschaft auch nach der Endigung nicht gleich abandonirt und die bereits angefangene Geschäfte, zumal wo periculum in mora obwaltet, bis auf weitere Bestellung und Anordnung von dem Vormund selbst oder seinen Erben, sofern diese letztere anders hiezu tauglich sind, besorgt werden müssen, bringt sowohl das Gesetz, als die Billigkeit mit sich. Existirt die pupillarische Sache nicht mehr, so prästirt der Vormund statt derselben den Werth nach unparteiischer Schätzung, wenn sie anders dolo vel culpa lata aut levi Tutoris nicht mehr in natura vorhanden ist. Ob und wieweit der Vormund jus retentionis auf dem pupillarischen Vermögen um seiner Forderung wegen exerziren möge, ist zwar jure communi streitig, entscheidet sich aber aus der Generalregel in Pars 4. Cap. 15. § 2. Dafern sich nun der Vormund, wie es zuweilen geschieht, die Administration oder Vormundschaft, ohngeachtet solche bereits ein Ende hat, abzutreten weigert, so wird ihm solches auf Anrufen obrigkeitlich auferladen, und die Tutel pro finita deklarirt.

§ 26.

Von des Pupillens Actionibus [a]), insonderheit de Actione Tutelae directa [b]).

1. Kann der Vormund um Alles, was er obgedachtermassen als Vormund zu leisten hat, von dem Pupillen rechtlich belangt werden, und gehet

2. dieser Anspruch active et passive [c]) auf die Erben, jedoch dergestalt, daß

3. die Erben des Vormunds nur pro dolo et culpa lata [d]), nicht aber pro culpa levi [e]) ihres Erblassers haften, ausgenommen soweit sie in facto proprio versiren [f]) oder der Krieg [g]) mit dem Erblasser schon in Lebzeiten befestiget gewesen, oder derselbe von des Pupillen Schaden profitiret [h]) hat.

4. Greift diese Action [i]) nicht nur nach geendigter Vormundschaft, sondern auch während derselben Platz, und wird

5. der Pupill vor erlangter Majorennität von einem curator speciali [k]) oder demjenigen, welcher in der Vormundschaft succedirt [l]), allenfalls hierin vertreten. Von der actione hypothecaria und dem Prälationsrecht [m]) des Pupillen, siehe Cod. Jud. Cap. 20 § 5 No. 6, § 7 u. § 12 No. 1. [n])

Noten zu § 26.

a) Actionibus = Klagen, Klagerechten. — Solche Klagen sind elektiv bei dem forum domicilii oder administrationis anzubringen. G.-O. Cap. 1. § 7. — Seuff. Archiv Bd. IX.

No. 75. — Bd. XI. No. 183 a. — Voraussetzungen des Gerichtsstandes der geführten Verwaltungen: Seuff. Arch. Bd. XIII. No. 281. — Actio tutelae wegen nichtiger Veräußerung. Exkulpirung der Vormünder. Beweislast: Seuff. Arch. Bd. XIX. No. 163.

b) de Actione Tutelae directa = von der direkten Vormundschaftsklage (des Pfleglings gegen den Vormund).

c) active und passive = thätig und leidend d. h. sowohl auf Seite des Klägers (Pfleglings), als auch auf Seite des Beklagten (Vormundes).

d) pro dolo et culpa lata = für Arglist und grobe Fahrlässigkeit.

e) pro Culpa levi = für geringe Fahrlässigkeit.

f) in facto proprio versiren = selbst Antheil am Verschulden haben. —

g) Krieg — befestigt = Streit gerichtlich anhängig (rechtshängig) geworden. G.-O. Cap. 6. § 1. —

h) profitirt = Nutzen gezogen. —

i) Action = Klage, Klagerecht. —

k) Curatore speciali = Spezialkurator = besonderer Vormund. — Vergl. § 38. —

l) succedirt = nachfolgt. —

m) Von der actione hypothecaria und dem Praelationsrecht = Von der Hypothekenklage und dem Vorzugsrechte. — Die hier angeführten Stellen der b. G.-O. Cap. 20. § 5. No. 6. § 7 u. § 12. No. 1 sind durch die Prioritätsordnung v. 1. Juni 1822 aufgehoben und ersetzt. — Das Ausführlichere über die Hypotheken- und Vorzugsrechte der Mündel ist in der Abtheilung für die hypothekenrechtlichen Bestimmungen zu ersehen (II. Heft „Bezugsgesetze“ C. 4 u. 5).

n) Vergl. die Novellen z. b. G.-O. v. J. 1818. II. Bd. S. 269. No. 5.

Auszüge aus Kreittmayr's Anmerkungen zu § 26.

1.—5. . . . Desgleichen gehet solche Action gegen des Vormunds Erben u. Successores universales, doch haften diese letztere weiter nicht, als pro dolo et culpa lata ihres Erblassers, nicht aber pro levi mit der Ausnahme, wenn die Erben in facto proprio mit versiren, oder lis mit dem Erblasser bereits kontestirt gewesen, oder selbe etwan von des Pupillens Schaden Profit gehabt haben, in welchen Fällen sie auch pro culpa levi haften. . . Ob viertens gegenwärtige Aktion gegen den Vormund wegen der etwan nach geendigter Vormundschaft annoch weiter fortgesetzter Administration statt hat, ist eine eitle Frage. . . . .

§ 27.

Und von des Vormunds Actione contraria [a]) gegen den Pupillen.

Dahingegen kann aber auch der Vormund den Pupillen um Alles, was er ihm obbemeldetermassen von geführter Vormundschaftswegen schuldig ist, gleichfalls belangen und gehet diese Action ebenmäßig auf die Erben sowohl active als passive [b]), jedoch ohne Hypothek oder Vorzugsrecht.

Noten zu § 27.

a) Actio contraria = entgegengesetzte Klage.

b) active als passive = Seitens des Berechtigten wie des Verpflichteten. s. Note c zu § 26. —

Auszüge aus Kreittmayr's Anmerkungen zu § 27.

. . . Von dem jure retentionis, und ob solches dem Vormund in bonis pupilli gebühre sieh § 25.

§ 28.

Item [a]) (von den Actionibus) gegen die vormundschaftlichen Bürgen.

Wann der Pupill das Säumige bei dem Vormund oder dessen Erben nicht mehr erholen kann, so haften ihm

1. die gestellten Bürgen und Caventen [b]); sind nun
2. derselben mehr, oder stellt aus mehr Vormündern jeder einen besonderen Bürgen, so stehet auch jeder für die ganze Schuld; doch bleibt demjenigen, welcher für andere bezahlt, der Regreß pro rata [c]) bevor. Ein anderes ist
3. wann der Cavent [d]) nur für eine gewisse summam gut spricht, oder die Vormundschaft mit obrigkeitlicher Bewilligung getheilt ist; denn da haftet jeder Bürg nur à proportion [e]).
4. Stehen auch die Caventen allzeit nur für das, was der Vormund als Vormund während der Vormundschaft thut.
5. Werden zwar jene, welche der Obrigkeit einen Vormund vorschlagen oder anrühmen, und für tauglich angeben, nach römischem Rechte den Bürgen in allen obigen Stücken gleich geachtet, es ist aber dieß dem hiesigen Landesgebrauch nicht gemäß.

Noten zu § 28.

a) Item = desgleichen, ferner, ebenso. —
b) d) Caventen = diejenigen, welche eine Caution (Sicherheit) bestellt haben. —
c) Regress pro rata = Rückgriff nach dem treffenden Theile. —
e) à Proportion = nach Verhältniß der Summe, für welche er gutgestanden. —

Auszüge aus Kreittmayr's Anmerkungen zu § 28.

Cautio fidejussoria kommt zwar selten vor, wenn aber, so hat sie die Wirkung, daß, wenn der Pupill das Seinige bei dem Vormund oder dessen Erben nicht mehr erholen kann, alsdann die gestellten Bürgen und Caventen, folglich auch ihre Erben in subsidium hierum haften ausgenommen wenn man in Betreibung des Vormundschaftsrechts nachlässig gewesen und dieser darüber insolvendo worden ist. . . Unser Codex bestätigt die Meinung, welche den Fidejussoribus tutoris das beneficium excussionis einräumt, welches ihnen auch soweit zu gut kommt, daß gar jene Bürgen, welche diesem beneficio renunzirt haben, so lang und viel nicht belangt werden können, bis mit dem Prinzipalschuldner abgerechnet worden ist; denn die Fidejussion supponirt allezeit ein debitum liquidum auf Seiten des Prinzipalschuldners, welches sich aber erst aus der Berechnung zeigen muß. . . Stirbt aber der Prinzipalschuldner vor abgelegter Rechnung ohne Erben, so legt entweder der Bürge selbst die Rechnung ab, oder ist wenigstens zur Schadloshaltung verbunden. . . .

§ 29.

Von der Actione subsidiaria [a]) gegen die Obrigkeit [b]).

Nach all obbenannten Personen haftet endlich auch die Obrigkeit [c]) selbst in subsidium, d. i. zur Hilf, um allen dem Pupillen verursachten Schaden, wann sie in Bestellung der Vormundschaft gebührender Aufsicht [d]) oder sonst an ihrem obervormundschaftlichen Amt etwas ermangeln läßt [e]); und da dieselbe etwa in mehr Personen [f]) bestehet, so haften alle jene zugleich, welche an diesem Verschulden Antheil genommen haben, es wäre denn die Sach' Einem allein [g]) committirt [h]) gewesen, welchem sodann die Genugthuung auch ganz allein obliegt.

Noten zu § 29.

a) Actione subsidiaria = aushilfsweise Klage, Hilfsklage. Vergl. § 2. I. (1. 24.) — D. (27. 8.) — Cod. (5. 75.). — Mittermaier, Grundsätze des gemeinen deutschen Privatrechts. 6. Aufl. Bd. II. § 416. — Preuß. Ldr. Thl. II. Tit. 18. § 301 ꝛc. — Ros. § 51. — Ueber die Syndikatsklage s. G.-O. Cap. XVI. § 3 u. Seuffert, Commentar hiezu. — Ueber Extrajudizialbeschwerden s. G.-O. Cap. XV. § 6. No. 7: Kann auch von einem gravamine intrajudiciali, welches zwar extra viam et ordine processus, jedoch in Kraft obrigkeitlichen Amtes verhängt wird, allerdings auch appellirt werden, und ist man 7.) (hiebei) an die Appellationsformalien und Fatalien nicht so genau gebunden, so lange wenigstens nicht ein ordentliches Erkenntniß oder eine Verordnung cum plena causae cognitione darüber ergangen ist." — Vergl. auch Seuffert's Commentar zur G.-O. Cap. XV. § 6. — Seuff. Arch. Bd. II. No. 241.

b) Vergl. § 31. Ziff. 9. § 32. Ziff. 10. —

c) G.-V.-G. Art. 24. —

d) Bezüglich der Beaufsichtigung der Vormundschaftsbehörden durch die ihnen vorgesetzten Stellen s. Ros. § 1—16. § 130—132 und die Noten c zu § 7 oben; — V. v. 13. Juni 1815, die Geschäftsanzeigen der Untergerichte b. — Das organische Edikt vom 24. Juli 1808. § 37. 54 (R.-Bl. 1808. S. 1795. 1798.) — V. v. 9. Dez. 1825: Die Formation der Ministerien b. § 49. 50. 51. 53. 59. (R.-Bl. 1825. S. 977.) — G.-V.-G. v. 10. Nov. 1868. Art. 24. 29. 30. 42. 43. — Die J.-M.-E. v. 20. Febr. 1863, die Beaufsichtigung der Stadt- u. Landgerichte b. (R.-Bl. 1863. S. 121.) — Die J.-M.-E. v. 20. Febr. 1863, die Visitation der Stadt- und Landgerichte betr. (R.-Bl. 1863. S. 147.) — Die Geschäfts- u. Registratur-Ordnung für die Stadt- und Landgerichte d. d. Rheins v. 20. Sept. 1863. (J.-M.-Bl. 1863. S. 105—140.) insbes. § 1—9. 10—14. 15—38. 39. 40. — Bezüglich der Geschäftsformularien s. die J.-M.-E. v. 23. Nov. 1863. (J.-M.-Bl. 1863. S. 211.) — Nachtrag zur Geschäfts- und Registraturordnung ꝛc. dann Vorschriften über die Geschäftsausweise und Geschäftsübersichten der Stadt- und Landgerichte v. 28. Juli 1864. (J.-M.-Bl. 1864. S. 181—203). — J.-M.-E. v. 16. Nov. 1864, die Beaufsichtigung des Pflegschaftswesens b. — (J.-M.-Bl. 1864. S. 258). — J.-M.-E. vom 19. Oktober 1865, die Beaufsichtigung des Pflegschafts- und Verlassenschaftswesens b. (J.-M.-Bl 1865. S. 167). — Bezüglich der standesherrlichen Vormundschaften s. Note e zu § 7 oben. — Unzulässigkeit einer Revision gegen 2 gleichförmige extrajudizielle Provisionalverfügungen: Bl. f. R.-A. Bd. XXXI. E. Bl. S. 47*. — Rechtsmittel des Curanden gegen Oberkuratelbeschlüsse: Seuff. Arch. Bd. VIII. No. 208.

e) Bl. f. R.-A. VIII. 352. — Beschwerderecht Dritter gegen die Vormundschaft: Bl. f. R.-A. XII. 95. XXII. 254. — Seuff. Arch. Bd. XV. No. 229.

f) Kollegiale Verfassung besteht nur mehr in der II. u. III. Instanz. — G.-V.-G. v. 10. Nov. 1861. Art. 30. 36. 43. 44. — Klage gegen ein ganzes Gericht: Seuff. Arch. Bd. V. No. 298. —

g) In erster Instanz werden die Pflegschaftssachen nur einzelnrichterlich behandelt. G.-V.-G. Art. 24 u. obliegen in der Regel den Assessoren. Art. 22. 23. —

h) Committirt = übertragen.

Auszüge aus Kreittmayr's Anmerkungen zu § 29.

1. . . . Eben darum wird diese Action die allerletzte Aushilfe genannt, und ist ein Ausfluß von der einer jeden Obrigkeit gebührenden Obervormundschaft, wovon bereits oben Anregung geschehen ist. . . . Um aber die Obrigkeit auf solche Weise aktioniren zu können, wird zweitens allemal ein Verschulden ihrerseits supponirt, welches jedoch ebenso gar groß nicht

sein darf, sondern es reicht auch Culpa levis hin. . . . Ob aber der Kläger die Culpam oder die beklagte Obrigkeit Diligentiam beweisen müsse, kommt auf die Umstände an, u. hält Lauterbach das erste dafür, wenn nur die Bestellung gleich anfänglich recht geschehen ist. Während der Tutel greift drittens diese Aktion niemals Platz, sondern erst nachdem selbige geendigt worden, weil sie nur subsidiaria ist. — . . Die Erben der Obrigkeit haften zwar fünftens ebenfalls, jedoch weiter nicht, als pro dolo et culpa lata, nicht aber pro levi ihres Erblassers. Actuarii werden sechstens mittels dieser Action nur alsdann belangt, wenn aus ihrem Verschulden in dem Inventario von des Pupillens Vermögen etwas ausgelassen worden. Gegen Caventen und Bürgen hat siebentens diese Aktion niemals statt, sofern sie nur überhaupt Amtsbürgschaft geleistet haben und nicht in specie der quästionirten Vormundschaft halber gutgestanden sind. —

2. . . . So richtig und gewiß nun aber sechstens dieses alles in theoria auch immer ist, so hält es doch in praxi et executione allzeit schwer und überschwer, zumal wenn die Sache länger angestanden, und das Corpus vel Collegium durch Absterben oder sonstige Veränderung der Mitglieder in einen anderen Stand gekommen ist.

§ 30.

Von des Pupillens Restitution in integrum [a]).

In Extrajudicial-Handlungen [b]), welche zwar an sich gültig, jedoch so beschaffen sind, daß sie dem Pupillen erweislichermaßen zu merklichem Schaden gereichen, hat er

1. die Wahl, ob sich selber deßhalb bei seinem Vormund [c]) durch obverstandene actionem tutelae [d]) oder aber bei demjenigen, mit welchen der Handel vorgegangen, per restitutionem in integrum [e]) erholen wolle [f]). Durch die letztere wird zwar

2. Alles in vorigen Stand gestellt, wie es vor gepflogener Handlung gewesen, und wird mithin der erlittene Schaden dadurch abgethan. Es hat aber auch selbe

3. in Criminal- oder solchen Händeln, worin der Pupill selbst einen Betrug zu Schulden kommen läßt, niemal statt.

4. Hängt sie als privilegium mere personale [g]) lediglich der Person des Pupillens an, und erstreckt sich weder auf Bürgen, noch auf Compagnons [h]), außer in causis individuis [i]) und ebensowenig auf seine Erben, wo nicht die Sach schon in seinen Lebzeiten wirklich bei gehöriger Obrigkeit incaminirt [k]) und der Krieg befestiget [l]) worden ist. Gegen einen Minderjährigen oder gleich Privilegirten greift solche

5. nur auf den Fall, wann er blos de lucro captando [m]) streitet, und gegen einen dritten Inhaber, mit welchem man nicht gehandelt hat, soweit Platz, als er mala fide [n]) an sich gebracht hat.

6. Muß das Restitutions-Gesuch, wie all Anderes regulariter [o]) in foro des Beklagten, mithin auch gestalten Dingen nach in foro rei sitae [p]), oder da es nur incidenter [q]) mitvorkommt, alldort, wo die Hauptsach selbst hangt, angebracht werden und fällt endlich

7. wiederum weg, wann auf Seiten des Pupillen nach erlangter Großjährigkeit die Ratification [r]) entweder mit Worten oder Werken erfolgt, oder von Zeit der Majorennität, sie sei gleich per veniam [s]), oder sonst ordinarie [t]) erlangt worden, vier ganze Jahre verstrichen, ohne daß man restitutionem

begehrt hat. Von Judicial-Handlungen [u]) und wie weit die Restitution hierin Platz greife [v]), siehe Cod. Jud. Cap. 18. § 1 [w]).

Noten zu § 30.

a) Restitution in integrum = Wiedereinsetzung in den vorigen Stand. — Bl. f. R.-A. IX. 414. — Beim Erbschaftsantritt s. L.-R. Thl. III. Cap. 1, § 5, Z. 3. —

b) In extrajudicial Handlungen = in außergerichtlichen Handlungen. — Restitution der Verschwender s. § 37 Note g. — R. der Blödsinnigen: Seuffert's Archiv Bd. V. No. 103. R. der Abwesenden: Seuff. Archiv Bd. V. No. 104. —

bb) Erforderniß der Verletzung: Seuff. Archiv Bd. V. No. 247. — Restitution in Verlöbnißsachen: Seuff. Archiv Bd. IX. No. 39. — Restitutionseid nicht erforderlich: Seuff. Archiv Bd. XIII. No. 200. —

c) Unzuläßigkeit der Restitution gegen die Handlungen der Eltern. Bl. f. R.-A. XXXI. 31; — auch gegen die eigenen Handlungen des Vormundes: Seuff. Archiv Bd. III. No. 189. —

d) Actionem tutelae = Vormundschaftsklage nach § 26.

e) S. Note a. — Statutenkollision; Veräußerung von Immobilien s. Seuff. Archiv Bd. II. No. 2. S. auch oben § 13 u. die Note hiezu.

f) Die Wiedereinsetzung in den vorigen Stand ist ausgeschlossen bei Verjährung der Klagen gegen einen Gesellschafter nach Art. 149 des a. d. Handelsgesetzb.; sowie bei den Verjährungen nach dem Gesetze v. 26. März 1859, Die Verjährungsfristen betr. Art. 6. — bezügl. der Staatsschulden s. Plenarbeschl. v. 18. Mai 1842. (R.-Bl. 1842 S. 741.) — R. eines Offiziers. Seuff. Archiv Bd. V. No. 138. — Bd. XI. No. 25. —

g) als Privilegium mere personale = als ein rein persönliches Privilegium. L.-R. Thl. I. Cap. 2. § 16. —

h) Compagnons = Gesellschafter, Genossen. —

i) in causis individuis = in untheilbaren Sachen. —

k) incaminirt = anhängig gemacht. —

l) Ueber Kriegsbefestigung od. Streitseinlassung s. G.-O. Cap. 6. § 1. —

m) de lucro captando = um einen zu erlangenden Gewinn. Vergl. Seuff. Archiv Bd. V. No. 102. — Bd. VII. No. 141. Gleich Privilegirte sind Kirchen, Gemeinden und andere personae mysticae nicht: Kreittm. Anmerk. zu No. 5.

n) mala fide = arglistiger Weise, im bösen Glauben. —

o) regulariter in foro = regelmäßig bei dem Gerichte. —

p) in foro rei sitae = bei dem Gerichte der gelegenen Sache. —

q) incidenter = einmischungsweise, in einer andern Streitsache.

r) Ratification = Genehmigung. Ros. § 51. Abs. 2.

s) per. Veniam = durch landesherrliche Begnadigung. § 36. Z. 7.

t) ordinarie = auf ordentliche (gewöhnliche) Weise. § 36. Z. 7. Beginn des Quinquennium: Seuff. Archiv Bd. XI. No. 160. — Restitution gegen Restitutionsverjährung zuläßig: Seuff. Arch. Bd. XVII. No. 114. — Bei Blödsinnigen s. Seuff. Arch. Bd. V. No. 103. — Anfangszeit: Seuff. Arch. Bd. VIII No. 10.

u) Judicial — Handlungen = gerichtliche (Prozeß-) Handlungen. — Streitskonsens: Seuff. Arch. Bd. VII. No. 359.

v) s. Bl. f. R.-A. I. 17. —

w) Ueber die zivilprozessualen Bestimmungen s. das II. Heft dieses Werkes. — Seuff. Arch. Bd. IV. No. 157, 191. — Bd. VII. No. 170: Klagenverjährung. — Restitution gegen gerichtliche Geständnisse: Seuff. Arch. Bd. XVIII. No. 197. —

Auszüge aus Kreittmayr's Anmerkungen zu § 30.

1. 2. 6. In integrum restituiren heißt, alles in vorigen Stand, wie es vor geschehener Sache gewesen, wieder herstellen, welches ex capite gratiae vel justitiae geschieht. R. ex c. gratiae hat nur in delictis statt und steht dem Landesherrn allein zu. . . R. ex c. justitiae greift zweitens auch in Causis civilibus Platz, kommt aber meistentheils nur jenen, welche ohne ihr Verschulden verkürzt worden sind, zu guten, und weil es hierunter allemal um die Wiederaufhebung einer giltigen und rechtsbeständigen Handlung zu thun ist, so wird auch allezeit eine genügliche und rechtserhebliche Ursache hierzu erfordert. . . Was also der Pupill

ohne vormundschaftlicher Autorität oder der Vormund in Veräußerung liegender Güter ohne obrigkeitlicher Begnehmigung gehandelt hat, das ist schon an sich selbst null und nichtig und wird folglich nicht mehr per restitutionem sondern per querelam et exceptionem nullitatis angefochten. . . Gemäß § 36 No. 2 u. 6 genießen diese Restitution alle kuratelmäßige Personen ohne Unterschied. . . Wie nun viertens der Termin des minderjährigen Alters nicht civiliter sondern naturaliter von Stund zu Stund, von Augenblick zu Augenblick fortläuft, so wird dasjenige, was auch noch im letzten Moment geschieht für restitutionsmäßig geachtet. Ein anderes ist bei den Handlungen, welche in der Minderjährigkeit zwar angefangen. erst aber in majorennitate vollendet haben, denn da rechnet man den actum mehr zur letzten als ersten. es wäre denn derselbe mit Fleiß solange aufgezogen worden. Wird nun das angebliche Alter, oder daß sich die Handlung hierunter angegeben habe, widersprochen, so muß solches zwar bewiesen sein, wozu aber auch allenfalls das Gezeugniß der Eltern und Befreundten wenigstens semiplene vel adminiculative dienen mag. . . Die Läsion wird fünfzehntens auf Seiten des Minderjährigen supponirt . . eine enorme oder gar große Läsion wird aber nicht erfordert, doch soll es auch keine geringe, sondern merkliche Läsion sein, welches auf die Umstände und richterliche Ermäßigung ankommt. Nebstdem soll sie nicht in mero facto sondern auch in in jure d. i. in amissione juris quaesiti vel omissione quaerendi aut obligatione bestehen und überdieß muß dieselbe nicht aus unversehenen Zufall, sondern entweder aus Leichtsinnigkeit und Unverstand, oder aus des Gegentheils Bosheit erfolgt sein. . . Ferner wird sechstens die Läsion nicht attentirt, welche dem Minderjährigen in Sachen seine Profession betr. zugefügt worden, z. B. einem Handwerksmann in Handwerkssachen, einem Kaufmann in mercantilibus, einem Doktor, Professor oder Rechtsgelehrten in Juridicis, weil er sich hierauf nicht wohl berufen kann, ohne seine eigene Schande zu allegiren . . Endlich muß auch die Läsion auf allenfallsiges Widersprechen bewiesen sein, soferne solche nicht ohnehin offenbar ist, wie z. B. in Bürgschaften, Verjährungen, Schenkungen, welche schon ihrer Natur und Eigenschaft nach allzeit schädlich sind. Hieraus folgt aber von selbst, daß alles jene, was ein Minderjähriger ex mandato gehandelt hat, keine Restitution leide, weil nicht er, sondern allenfalls nur sein Prinzipal lädirt wird, welcher sich selbst beimessen muß, daß er einen solchen mandatarium gebraucht hat. Ein anderes ist in negotiorum gestione, denn da kann man dem Prinzipalen keine Schuld mehr beimessen. . . Die Absicht und Wirkung der Restitution ist achtzehntens, daß man alles im vorigen Stand wieder herstellt. Man imputirt nemlich dem Minderjährigen dasjenige, was er gethan oder unterlassen hat, entweder gar nicht oder wenigstens so, wie volljährigen Personen, folglich wird er zu dem Verabsäumten wiederum admittir[t] das Begangene aber für soviel, als wäre es nie geschehen, geachtet, und übrigens auch [in] contractibus distinguirt, ob sie schon wirklich vollzogen worden oder nicht.

Letzterenfalls unterbleibt der Vollzug erstenfalls aber thut man allen Schaden ab, [wel]cher dem Minderjährigen verursacht worden, und gibt ihm die Sache in natura, oder da solches nicht mehr möglich, in pretio wiederum zurück, dahingegen er aber auch das Empfangene ebenfalls in natura, oder wann dieses nicht mehr sein kann, in pretio wieder zurückgibt, soweit er dadurch lokupletirt worden ist, sohin in lucro versirt, und ist auch solchenfalls der Käufer, welcher bei Restituirung der Sache den Kaufschilling wiederum fordert, Versionem pretii in rem minoris zu beweisen regulariter nicht schuldig. . . .

3. 7. . . Doch soll man mit der Restitution überhaupt nicht facil sein, weil sonst Niemand mehr zu finden sein würde, der mit Pupillen noch zu thun haben wollte. . . . Ausgenommen von der Restitution ist der dolus des Pupillen, wozu culpa levis aut lata nicht hinlänglich, wenn sich z. B. ein Minderjähriger wissentlich für volljährig ausgibt, und dadurch den andern, welcher solches weder gewußt, noch leicht hat wissen können, hinter das Licht geführt hat. . . Zweitens sind ausgenommen alle Handlungen, welche ein Minderjähriger nicht unter Lebendigen, sondern von Tod wegen gepflogen hat nach § 36. Nr. 6; denn zu was braucht er R. in integr. in Sachen, welche er selbst alle Stund widerrufen kann? Drittens alle causae spirituales z. E. geistliche Gelübde, Beneficia, Ehesachen, denn darin wird man gleich post pubertatem für majorenn geachtet, und kann man sich hierin andergestalt nicht, als per Remedium nullitatis vel Dispensationis mehr helfen, so weit die Sache auf ein so anderes qualifizirt ist. Doch versteht sich dieses nur quoad effectus ecclesiasticos, ein Anderes ist quoad effectus civiles z. E. in Ehesachen quoad dotem oder in Betreff der paktirten Widerlag, sofern sich etwa ein Uebermaß hierin bezeigt; item in Sachen, welche nur den Prozeß circa Spiritualia betreffen z. E. den Beweis, die Appellationsfatalia u. dgl. . . Fünftens cessirt die Restitution ferner gegen die Vergantung nach beschehener Adjudikation Cod.

jud. Cap. 18. §. 7. No. 11. gegen die Verjährung, weil solche während der Minorennität ohnehin nicht läuft, sondern in suspenso bleibt, gegen die unterlassene Injurienklage als eine in den Rechten sehr odios angesehene Sache. . . Die obrigkeitliche Confirmation einer Handlung steht dem R.-Gesuche nicht entgegen. Desgl. hindert die bereits einmal geschehene Restitution an dem weiteren Restitutionsgesuche nicht, es sei denn die abschlägige Resolution schon in rem judicatam erwachsen und keine neue causa restitutionis mehr hervorgekommen. Auch gegen einen Erbschaftsverzicht kann achtens restituirt werden . . . ebenso, wenn der Minderjährige während der Minorennität auf das beneficium R. verzichtet hat, wird restituirt.

4. R. in int. kommt erstens regulariter allen Minoribus zu ohne Unterschied des Geschlechtes, und sind auch die Kinder, welche noch unter väterlicher Gewalt stehen in ihrem minderjährigen Alter sogar quoad peculium Castrense, geschweigens adventitium nicht davon ausgeschlossen, ohngeachtet etwa mit väterlichem Wissen und Willen gehandelt worden. Wohingegen sich der Vater selbst dieses beneficii nur soweit bedienen mag, als er das Kind von Successions- oder Defensions wegen zu vertreten hat. . . Bei Cessionariis findet sich fünftens keine Ursache, warum man ihnen das Exercitium des zedirten benificii streitig machen sollte. . . . Wenn von Gleichprivilegirten nur einer de damno, der andere de lucro captando certirt, so stehet dieser allemal zurück. .

§ 31.

Was zu beobachten, wenn mehr Vormünder zugleich sind.

Die Obrigkeit soll

1. regulariter [a]), wo kein anderes Herkommen ist, zu jeder Vormundschaft nicht mehr als einen Vormund bestellen, es sei denn, daß die väterliche Anordnung, Gleichheit des Grades unter mehr Blutsverwandten oder der Weitschichtigkeit der Vormundschaft und dergleichen Umstände ein anderes entweder gleich anfänglich, oder nach der Hand Adjunktionsweis [b]) erheischen. In diesen Fällen nun ist sich

2. mit der Vormundschafts-Verwaltung zuvorderst nach dem väterlichen Willen zu richten. Hat der Vater einen oder anderen aus den benannten Vormündern von der Verwaltung gar ausgeschlossen, oder eine Abtheilung unter ihnen hierinfalls gemacht, so soll auch jeder dabei verbleiben, und keiner weiter um sich greifen, wohingegegen solchenfalls auch jeder nur für den zu verwalten gehabten Theil allein, nicht aber für andere zu haften hat, ausgenommen, wann üble Administration von dem Nebenvormund verspürt, und solche gleichwohl der Obrigkeit, wie sich doch allerdings gebührt, nicht alsobald angezeigt wird. Die nemliche Beschaffenheit hat es

3. wann die behörige Obrigkeit besondere Abtheilung und Anordnung unter den Vormündern macht, und dieselbe sämmtlich darauf einverstanden sind, massen keiner wider seinen Willen durch bloßen obrigkeitlichen Befehl gleich anfänglich von der Coadministration ganz oder zum Theil ausgeschlossen werden mag. In Ermangelung jetzbemelter väterlicher oder obrigkeitlicher Disposition sind

4. vier Fälle zu unterscheiden: Erstens ob die Vormundschafts-Administration von keinem, oder zweitens nur von einigen, oder aber drittens von allen und zwar vertheilter, oder viertens unvertheilter Weise geführt worden. Erstenfalls haftet zwar

5. jeder für den aus unterlassener Administration erfolgten ganzen Schaden (in solidum) [c]) jedoch salva exceptione divisionis [d]), kraft welcher

auch die Uebrigen, soweit sie solvendo [e]) sind, ihre Ratam [f]) und Manns-portion beitragen müssen. Zweitenfalls haften

6. alle ohne Unterschied, ob sie administrirt haben, oder nicht, in solidum [g]) jedoch ebenfalls vorbehaltlich obiger Exception [h]), und soviel die nicht administrirenden betrifft, salva exceptione ordinis et excussionis [i]), nach welchem sie nur soweit belangt werden mögen, als die Administratores nicht mehr solvendo [k]) sind. Drittenfalls hat zwar

7. jeder nur seinen Theil allein zu verwalten, und darf sich seiner vormundschaftlichen Auctorität weiter nicht, als für selbigen unterziehen, haftet aber nichts desto weniger auch für die anderen Theil salvo jure ordinis et excussionis [l]). Viertenfalls ist

8. jeder der Administration sammt und sonders berechtiget; und was einer für sich allein ohne Beiziehung der anderen thut, ist soviel, als ob es von allen geschehen wäre, ausgenommen, wo es um völlige Aufhebung der Vormundschaft zu thun ist, oder die Bestellung gleich Anfangs so gemacht wird, daß keiner ohne den anderen verfahren darf, oder ein Vormund dem anderen ausdrücklich widerspricht; in welchen Fällen es auf die Majora [m]), oder wo Paria [n]) sind, auf den obrigkeitlichen Ausspruch ankommt, Allen-gestalten auch alle um einer solch unvertheilten Administration willen, jedoch mit obbenanntem beneficio divisionis [o]) haften. Hätte aber

9. in allen obigen Fällen ein Vormund seines Mitvormundes übliche Verwaltung bei behöriger Obrigkeit zeitlich angezeigt, so ist er von aller Mithaftung dießfalls entledigt, und fallt die Rückschadloshaltung vielmehr auf die säumige Obrigkeit [p]). Dahingegen gehet

10. das beneficium ordinis [q]) in obgedachtem zweiten und dritten Fall verloren, wann der Vormund dem Nebenvormund in seiner schlechten Haus-wirthschaft ohne obrigkeitlicher Anzeige wissentlich zusieht, oder sich etwa gar des von ihm gespielten Betruges theilhaftig macht.

Noten zu § 31.

a) Regulariter = regelmäßig, in der Regel. —
b) adjunctionsweis = beigebungsweise, zur Seite. —
c) in solidum = auf das Ganze, auf den ganzen Betrag. —
d) salva exceptione Divisionis = vorbehaltlich der Einrede der Theilung. Ueber das Beneficium divisionis, die Rechtswohlthat der Theilung s. L.-R. Thl. IV. Cap. 10. § 12 und 13. — s. Note i — Seuff. Archiv Bd. V. No. 297. —
e) solvendo = zalungsfähig. —
f) Ratam = Antheil, treffenden Theil. —
g) s. oben Note c.
h) s. oben Note d.
i) salva exceptione ordinis et excussionis = vorbehaltlich der Einrede der Ordnung und vorgängigen Ausklagung der Uebrigen. Ldr. Thl. IV. Cap. 13. § 11. — s. Note d. —
k) s. oben Note e. —
l) s. oben Note i. —
m) Majora. = Stimmenmehrheit. Prozeßlegitimation eines der mehreren Curatoren. S. Arch. Bd. XIX. No. 162. — Theilung der Verwaltung. Seuff. Arch. Bd. XV. No. 228; — Bd. XVII. No. 259; — Verschiedene Eideserklärungen. Seuff. Arch. Bd. XI. No. 196. —
n) Paria = Stimmengleichheit. —
o) Beneficio Divisionis = Rechtswohlthat der Theilung s. Note d u. i. —
p) gemäß § 29. —
q) Beneficium Ordinis = Rechtswohlthat der Ordnung s. Note i.

Auszüge aus Kreittmayr's Anmerkungen zu § 31.

9. 10. . . Drittens siehet man in quaestione ob man solvendo sei, oder nicht, lediglich auf die Zeit der geendigten Vormundschaft, wo folglich dasjenige, was erst nachhero geschieht, den Mitvormündern nicht mehr schädlich ist. . . Fünftens ist rathsam, daß man mehr Mitvormünder in der Abrechnung nicht von einander trenne, sondern mit allen zugleich sich berechne. . . Sechstens versteht sich Obiges, was von Mit- und Nebenvormündern gesagt ist, auch von Ober- und Untervormündern. . . . Bezüglich der Ehrenvormünder s. § 32.

§ 32.

Von Ober- oder Ehrenvormündern.

Ein bloßer Ehren- und Obervormund a) (Tutor Honorarius) distinguirt b) sich von anderen Ordinari-Vormündern in folgenden Stücken:

1. Kann und soll er sich der Administration niemals unterziehen, sondern solche lediglich dem Ordinari-Vormund überlassen. Indem ihm
2. weiter nichts als die Oberaufsicht über die Vormundschaft gebührt. Solchem nach gehet auch
3. seine Pflicht nur dahin, daß er besagte Inspektion c) zu Nutzen des Pupillen fleißig führen, und die an der Vormundschaft verspürenden Mängel allezeit gleich erinnern, oder wo nöthig, bei behöriger Obrigkeit anzeigen wolle.
4. Wird ihm keine Kautionsleistung und eben so wenig auch
5. die Errichtung des Inventarii oder Rechnungsablegung zugemuthet; wohl hingegen kann und soll er
6. von Inspektionswegen in Beiden gebührende Einsicht nehmen.
7. Interponirt er in des Pupillen Handlung seine Auctorität d) niemals, sondern dieß steht lediglich dem Ordinarivormund zu; und da er etwa
8. mit dem Pupillen selbst einen Handel hat, so muß dieß ebenfalls unter der Auctorität e) des Ordinarivormunds geschehen.
9. Haftet er dem Pupillen nur auf den einzigen Fall, wann er des Ordinarivormunds übler Administration ohne zeitlicher Erinnerung und Anzeig zugeschauet oder sonst an gebührender Aufsicht etwas ermangeln läßt.
10. Hat er sich zwar in solchem Falle des beneficii ordinis f), jedoch nur in Ansehen des Ordinarivormunds, nicht aber in Ansehen der Obrigkeit zu erfreuen, sondern diese haftet erst nach ihm g). In all übrigen Stücken wird es
11. mit ihm, wie mit anderen Vormündern gehalten; und gleichwie endlich
12. die Bestellung eines Ehrenvormundes Niemand als dem Vater des Pupillen oder der Obrigkeit von Rechtswegen zukommt, also auch soll derjenige keineswegs dafür angesehen werden, welcher der wirklichen Administration nur aus bloßer Privatverständniß anderen Nebenvormündern begeben ist.

Noten zu § 32.

a) Heutzutage pflegt man auch die vormundschaftliche Obrigkeit die „Obervormundschaft" zu nennen. —

b) distinquirt = unterscheidet. —

c) Inspection = Ueberwachnng, Aufsicht. —
d) Interponirt er — seine Autorität niemal = legt er sein Ansehen (seine Erlaubniß, Vertretung) niemals ein.
e) Autorität s. Note a zu § 17.
f) Beneficii ordinis s. Note i u. q zu § 31.
g) Vergl. § 29.

Auszüge aus Kreittmayr's Anmerkungen zu § 32.

1. Ehrenvormünder werden genannt, welche nur zur Oberaufsicht über andere Vormünder bestellt und übrigens der Administration selbst überhoben sind. . . Gemeiniglich werden sie auch Obervormünder genannt, ohngeachtet zwischen Beiden die merkliche Differenz obwaltet, daß zwar der Ehrenvormund allzeit Obervormund, dieser hingegen nicht allezeit auch Ehrenvormund ist, sondern gar vielmal Theil an der Administration nimmt, und mehr Gewicht dabei gibt, als der Untervormund. . . . . Pupillen von geringen Stand pflegt man nicht leicht Tutores honorarios, sondern nur ordinarios et onerarios zu bestellen. Die Ehrenvormundschaft ist also nur für Adelige, sonderbar aber für fürstliche nnd reichsständische Pupillen. . . .

§ 33.

Von Vormundschaftsvertretern.

Jene, welche zwar zu Vormündern nicht wirklich bestellt sind, gleichwohl aber dem Pupillen in guter Meinung und Absicht vorstehen (Protutores) [a]) haften dem Pupillen hierum auf die nemliche Art, wie andere Ordinarivormünder. Sonst aber wird es mit der Protutela [b]) wie mit der negotiorum gestione [c]) beobachtet.

Noten zu § 33.

a) Protutores = Vormundschaftsvertreter. —
b) Protutela = Vormundschaftsvertretung. —
c) Negotiorum Gestione = Geschäftsführung nach Landr. Thl. IV. Cap. 13. § 2.

Auszüge aus Kreittmayr's Anmerkungen zu § 33.

. . . Wird bona fides vel Intentio aus den Umständen ermessen z. B. wenn eine Mutter die Vormundschaft über ihre Kinder auch post secunda vota noch weiter fortführt, oder sich derselben vor obrigkeitlicher Bestätigung unterzieht. . . Die sog. actio protutelae ist heutzutage von der actio tutelae directa et contraria so wenig als von der actione negotiorum gestorum mehr unterschieden. . . . Oefters konkurrirt auch Rei vindicatio, wenn protutor bona pupilli alienirt. . . .

§ 34.

Von falschen Vormündern.

Wer sich falscher und betrüglicher Weise für einen Vormund angibt, der haftet zwar

1. seines Orts wie ein wahrer Ordinarivormund, sonst aber sind
2. alle seine Handlungen kraftlos, und wann
3. der Pupill Schaden dadurch leidet, so wird benöthigenfalls in litem gegen ihn geschworen [a]). Annebens soll er

4. nach Beschaffenheit des Betrugs willkührlich gestraft werden; [b]) und wer

5. mit einem solchen Vormund wissentlich handelt, muß sich selbst beimessen, wann er sich an seinem Recht dadurch verkürzt; soweit aber

6. der falsche Vormund dem Pupillen zu Nutzen handelt, soweit wird er auch pro negotiorum gestore [c]) angesehen.

7. Wann sich mehr falsche Vormünder zugleich angeben, haften sie für den Schaden in solidum [d]), jedoch cum beneficio divisionis [e]), soweit jeder aus ihnen solvendo [f]) ist.

Noten zu § 34.

a) In litem gegen ihn geschworen = s. Note 1 zu § 9.
b) gestraft werden = gemäß neunten Hauptstückes des Strafgesetzbuches v. 10. Nov. 1861.
c. d. e. f) Pro Negotiorum gestore — in solidum — cum Beneficio Divisionis — solvendo = s. hierüber die Noten c. d. e. zu § 31 und Note c zu § 33.

Auszüge aus Kreittmayr's Anmerkungen zu § 34.

. . . .

§ 35.

Von der Curatel.

Die Curatel [a]) ist eine Gattung von Vormundschaft, und pflegt nicht nur Minderjährigen, sondern auch blöden oder unsinnigen Verschwendern, Abwesenden, auf der Gant stehenden und in gewissen Sachen öfters auch anderen Personen [b]) verordnet zu werden. Von den Curatoribus bonornm [c]) während der Gant siehe Cod. Jud. Cap. 19 § 18, von den übrigen aber seq. [d]) § 36 etc.

Noten zu § 35.

a) Die Curatel = Vormundschaft über Nichtunmündige oder Vogtbare im Gegensatze zur Tutel oder Vormundschaft über Unmündige oder Unvogtbare. Vergl. § 1. 2. — Note a zu § 1. — Ros. § 22. Bl. f. R.-A. XIV. 97. —
b) Von den zur Todes- und Zuchthausstrafe Verurtheilten s. St.-G.-B. Art. 32. —
c) Curatoribus bonorum = Vermögens-Curatoren = Massakuratoren über liegende Erbschaften s. § 39, über Concursmassen s. G.-O. Cap. XIX. § 18 für Abwesende s. § 39. —
d) Sphum seq. = paragraphum sequentem = den folgenden Paragraphen. —

Auszüge aus Kreittmayr's Anmerkungen zu § 35.

. . . .

§ 36.

Und zwar (von der Curatel) Minderjähriger.

Minderjährige Personen werden

1. nach gemeinen Rechten genannt, welche das fünfundzwanzigste, oder nach bayerischen und hiefür auch oberpfälzischen Rechten das einundzwanzigste Jahr [a]) noch nicht völlig erfüllt haben. Es sind dieselben

2) den Pupillen und unvogtbaren Personen in allobbenannten Stücken von § 1 bis 34 incl. [b]) durchgehends gleich geschätzt, und ist mithin auch zwischen gegenwärtiger Curatel und Tutel überhaupt kein Unterschied [c]), wohl aber ist von jener noch besonders zu merken, daß wer

3. über einen Unvogtbaren schon einmal Vormund gewesen, der soll es auch nach erlangter Vogtbarkeit bis zur Majorennität verbleiben, und ohne erhebliche Entschuldigungsursache nicht entlassen werden.

4. Muß der Minderjährige auch wider seinen Willen einen Curatorem [d]) haben, ohngeachtet das römische Recht ein anderes dießfalls mit sich bringt. Deßgleichen ist

5) aufgehoben, was jetzbemeldetes römisches Recht von verbotener Verehelichung zwischen der minderjährigen Pflegtochter [dd]) und ihrem Vormund oder dessen Sohn und Enkel verordnet.

6) Hat restitutio in integrum ex capite minorennitatis [e]) gegen letztwillige Dispositionen oder Handlungen in Ehesachen niemals Platz, sonst aber pflegt man Minderjährige auf die nemliche Art, wie oben von Pupillen mit mehrern geordnet ist, zu restituiren [f]).

7. Wird die Curatel eines Minderjährigen eben so, wie die Vormundschaft [g]), annebens aber auch in solchen Fällen geendiget: Erstens durch Erstreckung des statutenmäßigen Alters [h]), oder zweitens noch vor demselben durch besondere landesfürstliche Begnadigung [i]) (veniam aetatis), welchenfalls jedoch der Begnadigte vor Erlangung der gewöhnlichen Majorennitäts-Jahren sich weder einer Curatel oder Vormundschaft über andere, noch ohne Gutheißen der Obrigkeit einer Veräußerung seiner liegenden Güter anmaßen soll. Drittens durch Ablegung der Profession in einem geistlichen Ordensstand [k]). Viertens durch die Verehelichung [l]) sowohl auf Seiten des Mannes als des Weibes, jedoch dergestalten, daß sie wie andere minderjährige Personen in integrum restituirt werden, wann sie vor vollstrecktem 21ten Jahr merklich gevortheilt sind.

8. Werden zwar Kirchen, Spitäler, Almosen-Aemter und andere approbirte ganze Corpora oder Communitäten [m]), soweit es ihrer Beschaffenheit nach immer thunlich und das Herkommen nicht entgegen ist, den Minderjährigen gleich geachtet; dieweilen sie aber gleichwohl nimmermehr majorenn zu werden pflegen, so soll bei ihrer Restitution der Lauf des Quadriennii [n]) von dem Tag an, da die Läsion [o]) geschehen und kundbar ist, oder wann der Vorsteher selbst daran Schuld tragt, von dem Tag an, wo ein anderer Vorsteher statt seiner bestellt worden, gerechnet werden.

Noten zu § 36.

a) Durch allerhöchste Verordnung vom 26. Oktober 1813 (R.-Bl. 1813 S. 1337) wurde unter Aufhebung aller abweichenden Statuten, Gesetze und Gewohnheiten ausgesprochen, daß vom 1. Jänner 1814 an die Großjährigkeit im ganzen Königreiche mit dem zurückgelegten einundzwanzigsten Lebensjahre eintrete, und wurde diese Verordnung durch Mandat vom 1. Oktbr. 1814 auch auf das Fürstenthum Aschaffenburg erstreckt.

Die Volljährigkeit der Prinzen und Prinzessinen des k. Hauses tritt mit dem zurückgelegten achtzehnten Lebensjahre ein. Verf.-Urk. v. 26. Mai 1818. Tit. II. § 7. —

b) von §pho 1 bis 34 incl. = von § 1—34 einschlüssig. —

c) Vergl. Note 1 zu § 35 u. Bl. f. R.-A. XXVIII. 414. — Seuff. Archiv Bd. III. No. 311. —

d) Curatorem = Curator, Vormund. —
dd) minderjährigen = nicht aber unmündigen. Kreittm. Anmerkungen.
e) Restitutio in integrum ex Capite Minorennitatis = Wiedereinsetzung in den vorigen Stand auf Grund der Minderjährigkeit. Vergl. § 30. —
f) s. Note e.
g) s. § 22. — Ueber Pflegschaftsentlassungen s. Ros. § 51—55. — Dieselben sind binnen 4—6 Wochen nach dem Ende der Pflegschaft vorzunehmen: Ros. § 51 —
h) Erstreckung des statutenmäßigen Alters s. Note a. Ros. § 42. — Bl. f. R.-A. XVIII. 367. — XXIV. 206. — Einrede der Großjährigkeit gegen den klagenden Vormund: Seuff. Archiv Bd. IV. No. 128.
i) Nach der V. v. 15. April 1817 sind die Gesuche um Großjährigkeitserklärungen an Seine Königliche Majestät (Staatsministerium der Justiz) zu richten. (R. Bl. 1817 S. 340), jedoch bei den Untergerichten einfach einzureichen. (J.-M.-E. v. 21. Juni 1862.) — Vergl. Verordnung vom 9. Dezember 1825: Die Formation der Ministerien betr. § 53. (R.-Bl. 1825. S. 977). — Die Pflegschaft endigt mit der Verkündung des landesherrlichen Reskriptes. Entlassung. Ros. § 43. 52. I. Ziff. 2. —
k) Ordensprofession ist kein Aufhebungsgrund mehr. V. v. 2. Novbr. 1769. (Kreittmayr's Gen. S. v. 1771. S. 502. — A. R. v. 9. Juli 1831 nnd M.-E. v. 14. Aug. 1831. (Döll. VIII. S. 830. 831.) Permaneder, Kirchenrecht 1846, § 286. 289.
l) Verehelichung; jedoch nur eine mit Consens der „Vormundschaft" abgeschlossene. V. v. 1. Febr. 1768. Vergl. Ldr. Thl. I. Cap. 6 § 4 No. 7. — Vergl Seuffert's Archiv Bd. X. No. 182. — Statutenkollision. Bl. f. R.-A. XXIII. 95. — XXVII. 380. — Nach Dr. Rosenkranz wird im Gebiete des bayr. Landrechts die Pflegschaft über eine minderjährige Frauensperson durch ihre Verehelichung nur vorläufig u n t e r b r o c h e n, und muß wieder eintreten, wenn während ihrer Minderjährigkeit

1) die Ehe selbst wieder aufhört. (Anm. z. d. Ldr. Thl. I. Cap. 7. § 41. No. 3), und zwar als ordentliche Vormundschaft;
2) wenn bei fortdauernder Ehe der Mann wegen Unfähigkeit oder eines kollidirenden Interesse an der erforderlichen Vertretung der Frau gehindert ist, hier in der Form der Spezialkuratel. (Bestritten.)

Vergl. Arnold Ger.-Verf. § 22. Vergl. Ros. § 44; — § 52. I. Ziff. 4. Ueber die hypoth. Versicherung des Heirathgutes einer minderjährigen Braut siehe Hyp.-Ges. § 104 Ziff. 5. — Gemeines Recht: Seuff. Archiv Bd. VII. No. 276. Bd. XIII. No. 99. — Auflösung der Ehe: Seuff. Archiv Bd. XVI. No. 96. — Verehel.-Consens, Verweigerungsgründe: Seuff. Archiv Bd. XIII. No. 259. Bd. XVI. No. 179. — Ehemännliche Kuratel. Statutenkollision: Seuff. Arch. Bd. XV. No. 94. — Restitution: Seuff. Archiv Bd. IX. No. 39; Bd. XVI. No. 172.
m) Comunitaeten Die Vorrechte der Minderjährigen sind den Gemeinden durch den Entwurf der Gemeindeordnung v. Jahre 1866 Art. 18 entzogen. —
n) Das Quadriennii = oder vierjährigen (Restitutions-) Frist.
o) Laesion = Verletzung, Benachtheiligung. —

Auszüge aus Kreittmayr's Anmerkungen zu § 36.

1. . . . . . Der Anfang des letzten Jahres wird siebentens hierinfalls nicht pro completo geachtet, sondern der Termin läuft von dem ersten bis auf den letzten Augenblick fort. . . Wenn einer, welcher 21 Jahre zurückgelegt hat, mithin nach hiesigem Landrecht die Majorennität erlangt hat, sein Domizilium verändert und sich an einen Ort, wo das jus commune in Uebung ist, vor dem 25. Jahre seines Alters niederläßt, so zieht er wie die Schlange eine neue Haut an und wird ex majorenni wiederum minorenn. Neuntens ist die Majorennität Facti, und muß mithin von dem, der sich hierauf bezieht, auf allenfallsigen Widerspruch um so mehr bewiesen werden, als man in Minorennitate geboren, Mutatio aetatis aber niemals präsumirt wird. . .

2. 3. 4. . . . Der römische Satz, quod invito non detur Curator, ist zweitens durch den allgemeinen deutschen Reichs- und Landesgebrauch 2c. 2c. aufgehoben, dergestalt, daß die Nothwendigkeit der Curatel eines Minderjährigen nicht einmal per testamentum paternum nachgelassen werden kann.

7. . . . Auf ein bestimmtes Alter kommt es bei der landesherrlichen venia aetatis nicht mehr an . . . es wird aber supponirt, daß der Minderjährige sowohl von Sitten als Verstand

so beschaffen sei, daß man ihm die Administration seines Vermögens sicher anvertrauen kann, welches nicht nur durch glaubwürdige Attestata von Lehrmeistern, Befreundten und Anderen, sondern auch mittels vorläufiger Vernehmung der Vormundschaft und Obrigkeit, worunter Impetrant immediate steht, sattsam bescheinigt und dargethan sein soll. Lex 2 Cod. de his qui veniam fordert von Mannsleuten gar die persönliche Erscheinung des Impetranten, damit man seine Fähigkeit auch aus dem Exterieur desto leichter abnehmen kann. . . .

§ 37.

Oder (von der Curatel der) Verschwender, Blödsinnigen und Unsinnigen.

Unsinnige Personen [a]), wie auch all Jene, welche aus Mangel der Vernunft [b]) ihren Sachen selbst vorzustehen nicht im Stande sind [c]), oder das Ihrige liederlicher oder verschwenderischer Weise verthun [d]), sollen

1. auf Anzeige ihrer Befreunden [e]), oder auch Amts halber von der Obrigkeit nach vorläufiger genugsamer Erkundigung ihres Zustandes [f]) auf Art und Maaß, wie andere Pupillen und Minderjährige bevormundet, sohin auch durchgehends auf die nemliche Weise traktirt [g]) werden. Und wenn sie mit minderjährigen Kindern versehen sind, so erstreckt sich die Kuratel zugleich mit auf selbe [h]), wo kein besonderes hierin verordnet wird. Soviel

2. die muthwillige Verschwendung in specie [i]) betrifft, soll man sie vor Allem zur besseren Hauswirthschaft ermahnen, in Entstehung deren aber durch obrigkeitliches Erkenntniß [k]) für Verschwender erklären: und sobald selbe in rem judicatam [l]) erwachsen ist, nicht nur mit wirklicher Bestellung der Curatel, sondern auch damit sich Jedermann in Handel und Wandel hiernach zu richten wisse, mit öffentlicher Anschlagung der Sentenz ad Valvas Judicii [m]) verfahren; und solange nicht wahrscheinliche Hoffnung zur Besserung vorhanden ist [n]), mit sothaner Curatel continuiren [o]). Alles was

3. ein Unsinniger in seiner Raserei thut oder handelt, ist aus Mangel des Willens und Verstandes ohnehin weder auf seiner, noch anderer Seite von der geringsten Kraft, und dieses nur desto mehr, wann er bereits einen Curatorem hat; dafern er aber zuweilen wiederum zu sich kommt, so kann er während diesen Intervallo [p]), welches jedoch von dem Alleganten [q]) allezeit genüglich bewiesen sein muß, auch ohne Curatore handeln; dann obwohlen die Curatel deßwegen nicht gleich aufgehoben, sondern solang, bis der Curandus [r]) vollkommen restituirt [s]) ist, fortgesetzt wird, so ruhet doch das Amt des Curatoris tempore dilucidi intervalli [t]) und reviviscirt [u]) allezeit wiederum ipso facto [v]) ohne weiteren Befehl, sobald der Curandus in seine vorige Raserei verfällt.

Noten zu § 37.

a) Unsinnige Personen. Vergl. Nos. § 34; — Anfall der Pflegschaft: Nos. § 38 c; — Beendigung derselben: Nos. § 46; — Erledigung derselben: Nos. § 54.

b) Mangel der Vernunft. Prozeßwahnsinns-Curatel: Seufferts Archiv Bd. VII. No. 333; — Bd. X. No. 183. — Geistesschwäche wegen hohen Alters: Seuff. Archiv Bd. VIII. No. 230. — Ob Blinde, Taubstumme und andere mit Leibesgebrechen behaftete Personen unter Curatel zu stellen, hängt von der natürlichen Anlage und geistigen Ausbildung solcher Personen ab, je nachdem sie fähig oder unfähig sind, für ihre Angelegenheiten zu sorgen. S. Kreittmayr's Anmerkungen No. 1 u. 3; Arnold, Gerichtliches Verfahren § 11.

c) Vergl. Note b u. k.

d) Nicht jeder unmässige, auch nicht jeder zum Vermögen im Mißverhältnisse stehender Aufwand begründet die Curatel; sondern sie ist erst dann begründet, wenn ein Mensch in der Art leichtsinnig über sein Vermögen verfügt, daß er bei Fortsetzung dieser Lebensweise der Verarmung entgegengeht und seinen Verwandten oder sonstigen Alimentationspflichtigen (Gemeinde, Staat) zur Last zu fallen droht: Arnold Ger.-Verfahren § 13. 16. —

e) Befreundeten = Verwandten.

f) nach vorläufig genugsamer Erkundigung ihres Zustandes = nach vorgängiger genügender Erhebung ihres Zustandes. Ueber das Verfahren im Allgemeinen siehe Arnold, das gerichtliche Verfahren gegen Geisteskranke und Verschwender, insbesondere § 1—5: Einleitung; § 6—17: Grund der Entmündigung; § 7—11: bei Geisteskranken; § 12—17: bei Verschwendern; § 18—22: Fälle der Entbehrlichkeit der Entmündigung; § 23—74: Entmündigungs-Verfahren; § 23—33: Zuständigkeit; § 34—37: Natur des E.-Verfahrens; § 38—44: Antrag auf Entmündigung; § 45—58: Richterliche Untersuchung; § 59—60: Provisorische Verfügungen; § 61—62: Unzulässigkeit freiwilliger Entmündigung; § 63—70: Richterliches Erkenntniß; § 71—74: Rechtsmittel; § 75—92: Wirkung der Entmündigung; § 76—83: bei Geisteskranken; § 84—92: bei Verschwendern; § 93—95: Urtheilsvollziehung; § 96—101: Vormundschaft; § 102—112: Aufhebung der Entmündigung. — Vergl. M.-E. v. 11. Aug. 1830, das Verfahren bei Aufnahme geisteskranker Personen in öffentlichen Verwahrungs- oder Heilanstalten und bei deren Wiederentlassung betr. (Döll. XIII. S. 766, § 577). Ueber die vorsorglichen Befugnisse der Polizeibehörden vergl. das P.-Str.-G.-B. v. 10. Nov. 1861, insbesondere Art. 30, 137, 138; M.-E. v. 30. Dez. 1851 (Döll. Bd. XXX. S. 225). V. v. 24. Juni 1862. § 13. (R.-Bl. 1862 S. 1422) u. Nar, Handb. der Distr.-Verw.-Beh. 1862. S. 250; — Arnold, G.-Verfahren § 24. — Ueber provisorische Maßregeln der Gerichte s. Arnold Ger.-Verfahren, § 59, 60.

g) „Auf Art und Maß wie andere Pupillen und Minderjährige bevormundet, sohin auch durchgehends auf die nemliche Weise traktirt (behandelt) werden.“ Wendet man auf diesen, jede Ausnahme scharf ausschließenden Satz das Axiom an: „Lege non distinguente nec nostrum est distinguere“, so dürfte sich die Annahme v. Arnold (Gerichtl. Verfahren § 16 u. 84), daß nur das Vermögen, nicht auch die Person des Verschwenders unter Curatel gestellt werde, daß sohin der Verschwender ohne Consens seines Curators z. B. sich verehelichen könnte, welcher Ansicht sich auch der Cassationshof in München angeschlossen hat, nach bayerischem Landrechte kaum als die richtige darstellen. — Veräußerung von Immobilien eines Verschwenders: Bl. f. R.-A. XXVIII. 414. Wer unter väterlicher Gewalt oder schon unter Vormundschaft steht, wird wegen Geisteskrankheit oder Verschwendung nicht neuerdings unter Curatel gestellt und entmündigt. Landr. Thl. I. Cap. 7. § 2 u. 38; Arnold, Ger.-Verfahren § 19, 21. — Auch die Ehefrauen bedürfen sowohl hinsichtlich ihrer Person als ihres nicht vorbehaltenen Vermögens keiner besonderen Curatel. Bezüglich ihres Rezeptizgutes ist jedoch ein Curator zu bestellen, wozu auch der Ehemann tauglich ist: Arnold Ger.-Verf. § 20. — Curatel über blödsinnige Ehemänner: Bl. f. R.-A. XVII. 159; Vergl. Note c zu § 39. — Curatel über blödsinnige Ehefrauen: Ros. § 34 S. 80; — Ldr. Thl. I. Cap. 6. § 22. — Erbschaftsanfall im Auslande: Seuff. Arch. Bd. VI. No. 307. — Erbschaftsantritt: Seuff. Arch. Bd. VII. No. 69.

h) Vergl. Ros. § 25. Note 4. Auch auf minderjährige oder geisteskranke Ehefrauen. Vergl. oben § 36. Note 1; unten § 38. —

i) Die muthwilligen Verschwender in specie (speziell, insbesondere): Begriff eines Verschwenders: Seuffert's Archiv Bd. XII. No. 2. — Voraussetzung der cura prodigi: Seuff. Archiv Bd. XIII. No. 81; — Arnold Ger.-Verf. § 13, 16. — Veräußerung von Immobilien eines V.: Bl. f. R. XXVIII. 414. — Restitution der Verschwender: Seuff. Archiv Bd. III. No. 190; Bd. XIII. No. 9. — Intervention des Verschwenders in einem Prozesse gegen den Curator: Seuff. Archiv Bd. VII. No. 110. — Verjährung: Seuff. Archiv Bd. XII. No. 121. — Der Verschwender als Testator: Seuff. Archiv Bd. II. No. 309. — Verehelichung des Verschwenders: Seuff. Archiv Bd. XIII. No. 101; vergl. auch Note g. — Auswanderung des Verschwenders beendigt die Curatel: Seuff. Arch. Bd. XIII. No. 102. — Verwendung des Vermögens: Seuff. Archiv Bd. XVII. No. 67. — Im Allgemeinen s. Rosenkrantz § 35. — Anfall der Curatel: Ros. § 38 d. — Beendigung derselben: Ros. § 47. — Entlassung: Ros. § 55. — Untüchtigkeit des Verschwenders zur Testamentszeugschaft: Ldr. Thl. III. Cap. 3. § 8. No. 3. —

k) Unfähigkeit aus anderen Gründen (cura voluntaria) s. Ros. § 82 mit Note 6 hiezu. — Bl. f. R.-A. XXI. 477. — Anfall: Ros. § 38 c. β. — Beendigung: Ros. § 46. — Unwirksamkeit einer freiwilligen Unterwerfung unter Curatel: Bl. f. R.-A. XXI. 477; — Seuff. Archiv Bd. XV. No. 136; — Arnold Ger.-Verf. § 61, 62. — Das Recht, die Entmündigung eines Geisteskranken oder Verschwenders auszusprechen kann enbenso, wie das Recht, einen Verschollenen für todt zu erklären und sein Vermögen einem Anderen zuzuerkennen, einzig und allein dem eigentlichen Richteramte zustehen, und wo geringfügige Sachen vom Einzelrichter, wichtigere an Collegialgerichte gewiesen sind, da gehören alle obenbenannten Gegenstände an die Collegialgerichte: Arnold, Ger.-Verfahren § 23. In der Praxis wird jedoch diese Ansicht Arnold's nicht befolgt. Vergl. § 39, Note c. — Competenz des forum domicilii: Arnold, Ger.-Verf. § 33. — Form und Inhalt des Entmündigungserkenntnisses s. Arnold, Ger.-Verf. § 44, 69. — Nichtstreitige Competenz: Bl. f. R.-A. XXV. 401. —

l) in rem judicatam = in Rechtskraft. G.-O. Cap. XIV. § 11. — Beschwerderecht des Entmündigten: Seuff. Archiv Bd. VIII. No. 208. — Beginn der cura prodigi: Seuff. Archiv Bd. XVII. No. 147; — Bd. XVII. No. 206; — Bd. XVIII. No. 206; — Bd. XIX. No. 10; — Bd. XIX. No. 115. — Nach bayer. Landrecht beginnt die cura prodigi Dritten gegenüber erst von dem Tage an, wo die Bekanntmachung öffentlich erschienen ist, allgemein wirksam zu werden: — Arnold, Ger.-Verf. § 92. —

m) ad Valvas Judicii = an die Gerichtstafel; nach V. v. 7. Merz 1814 auch in das Kreisamtsblatt. (Döll. XIX. S. 96.) — Verzeichnisse der Notare: Not.-Ges. Art. 48. Instr. hiezu v. 1. Juni 1862. § 127. — Nothwendigkeit d. öff. Bekanntmachung: Bl. f. R.-A. XXX. 345. — Vergleiche Note l: Beginn der cura prod. — Inhalt der öffentl. Bekanntmachung: Arnold, Ger.-Verf. § 99, 95, 97. — Bei Geisteskranken ist öffentliche Bekanntmachung nach römischem und bayerischem Rechte nicht nothwendig: Arnold, Ger.-Verf. § 82. —

n) S. Bl. f. R.-A. XXII. 153.

o) continuiren = fortfahren. Beendigung s. Ros. § 47. —

p) intervallo = lichten Zwischenraum. Anfechtung von Rechtsgeschäften wegen Geisteskrankheit: Seuff. Arch. Bd. III. No. 139. —

q) von dem Alleganten = von dem Bezugnehmer. —

r) Curandus = Curand, Bevormundeter, Pflegling.

s) restituirt = wieder in den vorigen Stand eingesetzt, wiederhergestellt, aus der Curatel entlassen: Vergl. Ros. § 46, 54. —

t) Das Amt des Curatoris tempore dilucidi intervalli = das Amt des Curators während des lichten Augenblicks. —

u) reviviscirt = lebt wieder auf.

v) ipso facto = von selbst, mit dem Aufhören des lichten Augenblicks, ohne daß es einer Neubestellung der Curatel bedürfte.

Auszüge aus Kreittmayr's Anmerkungen zu § 37.

1. . . . Hiernächst (h) muß auch der Mangel, wegen welchen man unter diese Curatel kommen soll, notorisch oder sonst sattsam dargethan sein, quia est facti et non praesumitur. Ist daher nicht genug, daß man Jemand schlechterdings für einen Narren oder Verschwender angibt, sondern es muß solches praevia causae cognitione judiciali, sohin auch mit Vernehmung desjenigen, welcher in Quaestione ist, sich wirklich so befinden. Und gleichwie man auch in andern Dingen keinen Gezeugen zu glauben schuldig ist, sofern er nicht rationem sententiae suae angiebt, so glaubt man ihm hierin ebenfalls nicht, wenn er keine solche actus spezifizirt, woraus man den angeblichen Mangel sattsam schließen und abnehmen kann. Dem leiblichen Vater allein, welcher sein Kind in testanento oder sonst für blödsinnig oder verschwenderisch angibt, trauen die Jura auf seine Parole soviel zu, daß man keinen anderen Beweis mehr fordert, sofern sich nicht das Widerspiel offenbar zu Tag legt. . . . . Es folgt ferner, (n) daß, gleichwie sich nach § 8 die nächste Befreundte vor die Vormundschaftsbestellung eines Minderjährigen anzunehmen, und die Obrigkeiten allenfalls selbst ex officio hierauf zu denken haben, also auch beiden ein Gleiches bei Blödsinnigen und Verschwendern obliegt, idem daß (o) die leibliche Mutter und Ahnfrau von der Curatela liberorum furiosorum vel prodigorum sowenig als a tutela impuberum vel minorennium ausgeschlossen sei. Hingegen aber auch das Weib über ihren blödsinnig oder verschwenderischen Ehemann oder andere sowenig Curatrix als Tutrix sein könne. . . . Desgleichen ist der Vater (r) Curator legi-

timus Liberorum furiosorum vel prodigorum intuitu Bonorum castrensium vel quasi. Dahingegen ist auch der Sohn als nächster Blutverwandter Curator seiner blödsinnigen oder verschwenderischen Eltern. . . . So wenig aber der Mangel bei Bestellung der Curatel präsumirt wird, so wenig wird hingegen bei Aufhebung derselben ohne hinlänglicher Probe gemuthmasset, daß er wiederum zessirt habe, quia mutatio nunquam praesumitur. . . .

2. Die Administrationsbenehmung wird zwar fünftens in der Sentenz allezeit exprimirt, falls aber solche etwan aus Verstoß ausgelassen wird, so versteht sie sich nichtsdestoweniger von selbst hierunter, denn sobald man Jemand pro prodigo erklärt, so ist ihm auch die Verwaltung der Güter ipso facto benommen, und braucht keiner weiteren Ausdrückung mehr. Was sechstens prodigus vor öffentlicher Promulgation gehandelt hat, das läßt sich ex capite prodigalitatis weder per restitutionem in integrum noch sonst wieder umstoßen, ohngeachtet ihm in particulari die Administration bereits niedergelegt und untersagt ist, denn dieses allein ist ad nullitatis actus nicht hinlänglich, ausgenommen in Ansehen jener, welche hievon Notiz gehabt haben, anerwegen sie in mala fide sind, und nicht nur nulliter, sondern auch sträflich handeln. . . Sobald sich nun siebentens wahrscheinliche Hoffnung zur Besserung zeigt, sobald wird zwar auch Curatela wiederum aufgehoben, nachdem aber gleichwohl bemeldte Frugalität und Besserung Facti ist, und bewiesen sein muß, so braucht es allemal einer vorgängigen obrigkeitlichen Untersuchung und Deklaration, womit es jedoch lange nicht so hart hält, wie mit jener, welche bei obverstandener Bestellung dieser Curatel erfordert wird. Und ist anbei nicht gewöhnlich, daß man das vorige durch ein anderes öffentliches Proclama wiederum zurücknimmt. Was nun der prodigus vor sothaner Deklaration oder Restitution handelt, ist null und ungiltig. Achtens remarkirt auch Stryk, daß die Ursache, warum gegenwärtige Curatel nicht so oft vorkommt, weit mehr in der Negligenz und Nachsicht der Obrigkeiten, als in dem Mangel und Abgang verschwenderischer Leute bestehe.

3. Wenn die Juristen von furiosis vel mente captis reden, so sind erstens keine bloße Simplen, Melancholici, oder solche Leute, welche nur in Sensu morali für närrisch und unverständig passiren, sondern formirte ganze Narren hierunter verstanden, welchen nemlich der Verstand dergestalt verrückt ist, daß sie nicht mehr wissen, was sie thun, es sei gleich, daß sie rasend oder völlig von Sinnen sind, oder aber nur placide sine furore et rabie deliriren. . . . Der obrigkeitlichen Deklaration oder Promulgation braucht es zwar Drittens bei ihnen, wie bei den prodigis nicht, weil sie sich selbst gleich verrathen. Da aber gleichwohl die Thorheit facti ist, und wenigst anfänglich niemal präsumirt wird, so greift auch gegenwärtige Curatel obverstandenermassen erst nach vorläufiger Probe und obrigkeitlicher Einsicht Platz, und pflegen die Medici in dubio hierbei den meisten Ausschlag mit ihrem Parere zu geben. . . . Bei Leuten, welche schon einmal für Narren gerichtlich erkannt worden sind, wird obgedachte Regel, quod quilibet praesumitur sanae mentis esse, umgekehrt. . . . Leuten, welche sechstens nur in gewisser Sache vernarrt sind, giebt man entweder gar keinen oder höchstens nur in jenen Geschäften, die in das Objectum ihrer wunderlichen Einbildung einschlagen, Curatorem ad illum actum specialem. —

§ 38.

Von Interims-Curatoribus oder ad Actum specialem [a]).

Ob man wohl regulariter [b]) Niemand, der schon einen Vormund oder Curatorem hat, mit anderweitiger Curatel zu versehen pflegt, so leidet doch

1. diese Regel vielmal ihren Absatz [c]), insonderheit wann die unter väterlicher Gewalt stehenden minderjährigen Kinder mit ihrem Vater selbst [d]), oder Pflegkinder mit ihrem Vormund zu handeln haben, dann da soll man einen ad hunc actum specialem [e]) verpflichteten Curatorem bestellen, welcher hierin alles, was sonst einem Vormund zustehet, genau beobachten, und die Kinder gegen ihren Vater, respective Pflegvater, getreulich vertreten, auch ohne rechtserheblicher Ursache ehe und bevor selbige Handlung völlig geendet ist, von der Curatel nicht abstehen soll [f]).

Interims=Vormünder g) werden

2. bestellt, wann tutor testamentarius vel legitimus h) selbst noch minderjährig ist, oder wann der Vater sub conditione ad certum diem i) einen Vormund benennt, oder wann tutores legitimi k) über die Fähigkeit oder Nähe des Grades miteinander streiten, oder wann man gegen einen verdächtigen Vormund in der Untersuchung begriffen ist l), oder wann der Vormund durch Reise, Krankheit, persönlichen Arrest und dergleichen an der Administration auf eine Zeit gehindert wird, oder wann es die Obrigkeit sonst anderer bedenklicher Umstände halber für nöthig findet.

Noten zu § 38.

a) Von Interims-Curatoribus oder ad hunc actum specialem = Von Zwischenvormündern oder Spezialkuratoren. Vergl. Rosenkr. § 29. 30. 31. — Curator ad hoc für einen Abwesenden bei Hypotheklöschungen. H.=G. § 159. — Vergl. § 23 Note f. — § 18 Note d. — § 6 Note u. — § 5 Note l. — § 2 Note g. — § 1 Note a. — § 26 Note k. — § 24 Note h. Aufhebung des väterlichen Verwaltungsrechtes: Seuff, Bd. VII. No. 198; Bd. XIII. No. 81.

b) regulariter = regelmäßig.

c) ihren Absatz, ihre Ausnahme.

d) Vergl. d. Landrecht Thl. I. Cap. 5. § 2. § 5. No. 4. § 6. Cap. 6. § 37. No. 1. — Bl. f. R.=A. XIV. 129. — Bezüglich der Ehefrauen, wenn die Ehemänner blödsinnig oder Haussöhne sind: Anm. zum d. Landr. Th. I. Cap. 6. § XII. No. 2. „siebentens." Verwaltung des ausgezeigten Muttergutes. Ros. § 78. Vergl. § 12. Note d u. l. — Verarmung, Vermögensinterdiktion und Collision des Vaters: Seuff. Archiv Bd. III. No. 342.

e) ad hunc actum specialem = zu dieser besonderen Handlung; Vergl. Note a. — Testamentarische Spezialkuratel zur Verwaltung von Adventitien: Seuff. Arch. Bd. 3. No. 343. — Vergl. Arnold, G.=Verf. § 22.

f) Erledigung der Spezialkuratelen s. Ros. § 41 u. 51 Z. 2; — § 52. I. Z. 3; — § 103 b.

g) Interims-Vormünder = Zwischen=Vormünder. —

h) Tutor testamentarius vel legitimus = der durch Testament oder Gesetz (Blutsverwandtschaft) berufene Vormund. — Vergl. § 4. 5. 6.

i) sub Conditione = bedingnißweise, nur auf eine bestimmte Zeit.

k) tutores legitimi s. Note h.

l) Vergl. § 23. No. 5.

Auszüge aus Kreittmayr's Anmerkungen zu § 38.

1) Der erste Fall ist, wenn die annoch unter väterlicher Gewalt stehenden Kinder mit ihrem Vater selbst zu thun haben. . . Gleiche Beschaffenheit hat es, wenn der Vater bona liberorum minorennium nicht mehr administriren will oder nicht kann. . . . . Mehr dergleichen (f) Curatelae speciales, insonderheit Curatela Ventris, Absentis, vel Bonorum in concursu sind bereits oben bemerkt worden; dazu kommt auch jene, welche § 37 No. 3 berührt ist, item eine andere nach § 5. No. 2, ebenso jene, welche der Vater etwan nebst der Ordinari=Vormundschaft über gewisse Güter besonders verordnet hat . . . Die Pflicht (g) eines Curatoris specialis weiset ihn dahin, daß er dasjenige, was ihm solchergestalt anvertraut wird, getreulich und seiner besten Verständniß nach vertrete. All Uebriges greift auch allhier nur pro qualitate negotii Platz. Solchemnach (h) macht z. B. ein Curator ad litem kein Inventar, viel weniger sorgt er für Edukation des Pupillen. Hingegen ist er in Curatela ad actum divisionis zur Inventur verbunden, gleichwie auch die actio tutelae directa et contraria wie auch die Indemnisation und das Hypothekrecht ꝛc. hieher paßt.

2. . . . In all übrigen ist zwischen dieser und der perpetuirlichen Tutel oder Curatel kein Unterschied. —

§ 39.

(Von der Curatel) abwesender Personen oder liegender Erbschaften.

Liegenden Erbschaften [a]) gibt man

1. Curatores, wann die Erben entweder gar nicht bekannt, oder wenigstens noch in der Deliberation [b]) begriffen sind. Ein gleiches geschiehet

2. gegen Abwesende [c]) in Ansehen ihrer hinterlassenen Güter, wann sie sich auf Instanz [d]) derjenigen, welchen an ihrer Gegenwart gelegen ist, weder persönlich stellen, noch einen Anwalt benennen. Dergleichen Curatelen hat

3. die Obrigkeit, worunter die Güter liegen, zu bestellen, und allezeit vorzüglich auf die nächsten Befreunde [e]) zu reflektiren [f]).

4. Ist in der Administration das nämliche hiebei zu beobachten, was auch anderen Curatoribus obliegt; und wann

5. der Abwesende zurückkommt, oder stirbt, so ist der Curator ihm, oder respektive seinen Erben Rechenschaft zu geben und die Curatel abzulegen schuldig. Dafern aber

6. die Abwesenheit so lange dauert, daß man entweder hieraus, oder sonst aus andern Umständen den Tod wahrscheinlich vermuthen kann, so bedarf es keiner Curatel mehr, sondern der Abwesende wird für abgestorben erklärt, und seine Hinterlassenschaft auf Art und Weis, wie in Sterbfällen gebräuchlich ist, den rechtmäßigen Successoribus [g]) jedoch andergestalt nicht, als gegen genugsame Sicherheit ausgefolgt, daß solche seiner Zeit dem Abwesenden auf allenfallsige Zurückkunft sammt allen Nutzungen getreulich wiederum restituirt [h]) werde.

Noten zu § 39.

a) Vergl. Ros. § 36. Ziff. 2; Anfall: § 38. 52. ad II; Beendigung: § 45; Entlassung § 53. — Die einem Verschollenen angefallene Erbschaft ist als hereditus jacens zu behandeln. Seuff. Archiv Bd. XI. No. 257. — Prozeßführungs- und Veräußerungsbefugniß des Erbschaftskurators. Seuffert Archiv Bd. XVI. No. 229. —

Zweck und Wirkungen der Ediktalladungen: Seuff. Archiv Bd. VII. No. 110. —

Kein Armenrecht: Seuff. Archiv Bd. VII. No. 112. Eine Verlassenschaftsmassa-Kuratel kann wegen einer Wechselschuld des Verstorbenen, selbst wenn dieser wechselfähig war, in foro cambiali nicht belangt werden, wohl aber der Erbe eines Wechselschuldners. W. A.-G.-E. v. 29. Mai 1837 (Kletke Bd. I. S. 28). — Vertretung der ruhenden Erbschaft durch den Curator derselben s. Seuffert's Archiv Bd. I. No. 114. —

Beklagter im Streite um eine liegende Erbschaft: Seuff. Archiv Bd. I. No: 265; Bd. III. No. 184; Bd. XIII. No. 104; Bd. XVIII. No. 149; Bd. XX. No. 87. —

Ediktalverfahren: Seuffert's Archiv Bd. I. Ne. 280; Bd. III. No. 278; — Bd. VII. No. 110. —

Grenzen der freiwilligen Gerichtsbarkeit: Seuffert's Archiv Bd. I. No, 112. —

b) Deliberation = Bedenkzeit über den Erbschaftsantritt nach L.-R. Thl. III. Cap. 1. § 5. No. 8. —

c) Abwesende, Verschollene. Cura absentis, Verschollenheitskuratel: Bl. f. R.-A. I. 343; VII. 198; XVI. 209. — Dauer: IX. 239. — Erbschaftsanfall X. 236; XVIII. 406. XIX. 17. 49*. XXV. 376. 378. XXVI. 17. XXVIII. 167. XXX. 153. — Für den Haussohn XIII. 48. — Berücksichtigung des abwesenden Vaters XXI. 381. — Nichtstreitiger Gegenstand: J.-M.-E. v. 9. Novbr. 1857 (Z. f. G.-G. und R.-Pfl. IV. 468.) Ros. § 49.

Hypotheklöschungen gegen Abwesende: Hyp.-Ges. § 159. Ros. § 33. 49. 50. 113. b. c. — Absentenkuratel für den Ehemann: Seuffert's Archiv Bd. VI. No. 104; vergl. Note b zu

§ 37. — Abwesende, Verschollene: Seuffert's Archiv enthält Bezügliches in Bd. I. No. 86: Forum rei sitae bei Ladungen und Todeserklärungen; Forum domicilii bei der Erbschaftsfrage; Art der Bekanntmachung der Ediktalladungen. — Bd. I. No. 160: Erbschaftsanfall an Verschollene; Beweislast. — Bd. III. No. 185: Kein Erbschaftsantritt für einen Abwesenden. — Bd. III. No. 298: Vermuthung für die Fortdauer des Lebens. — Bd. III. No. 346: Erbschaftsantretung. — Bd. III. No. 132: Begriff der cura absentis. — Bd. V. No. 31: Eintritt der Todesvermuthung; kein Erbschaftsantritt für Verschollene. — Bd. V. No. 104: Restitution wegen Abwesenheit. — Bd. V. No. 240: Identität mit einer verschollenen Person. — Bd. VII. No. 69: Erbschaftsantritt des Absentenkurators. — Bd. VII. No. 104: Vertretung eines abwesenden Ehemannes. Bd. VII. No. 110: Zweck und Wirkungen der Ediktalladungen. — Bd. VII. No. 356: Präsumtive Todeszeit; kein Erbschaftsanfall an Verschollene. — Bd. IX. No. 45: Berufung der nächsten Verwandten zur Curatel. — Bd. IX. No. 49: Kein Erbschaftsantritt, aber einstweilige Besitzergreifung und Verwaltung durch den Absentenkurator; Pflichttheilsergänzungsklage für den Verschollenen. — Bd. IX. No. 177: Competenz. — Bd. IX. No. 254: Todesvermuthung. — Bd. IX. No. 310: Todesvermuthung. — Bd. XI. No. 257: Natur der einem Verschollenen angefallenen Erbschaft. — Bd. XI. No. 258: Competenz-Verfahren beim Erbschaftsanfall. — Bd. XII. No. 1: Todesvermuthung. — Bd. XIII. No. 104: Beklagter im Streite um die Erbschaft eines Verschollenen. — Bd. XV. No. 199: Statutenkollision wegen Erbfähigkeit eines Verschollenen. — Kein Erbschaftsanfall an Verschollene. — Bd. IX. No. 177: Competenz zur Bestellung eines curator absentis zu einem einzelnen Prozesse. — Ueber Offizialvertretung Abwesender bei einzelnen Geschäften s. Ros. § 36. Ziff. 5.

d) Instanz = Antrag, Anrufen. —
e) Befreundeten = Verwandten. —
f) zu reflektiren = Rücksicht zu nehmen. —
g) Successoribus = Rechtsnachfolgern. —
h) restituirt = zurückerstattet. —

Auszüge aus Kreittmayr's Anmerkungen zu § 39.

1—5. Die Abwesenheit wird (a) pro diversitate materiae auf unterschiedliche Weise beschrieben, überhaupt aber verstehet man eine Entfernung von dem Orte quaestionis darunter, folglich wird auch derjenige für abwesend geachtet, von dem man nicht weiß, wo er sich aufhält. . . Der sichtigste effectus absentiae äußert sich theils circa curatelam bonorum absentis, theils circa restitutionem in integrum, welche man jenen, so durch die Abwesenheit an dem Ihrigen verkürzt worden sind, angedeihen läßt. . . Schon in § 30 ist bemerkt, daß hier zu Lande rest. in int. quoad extrajudiciale nur noch ex capite minorennitatis allein gesucht werden kann, einfolglich gibt man auch restitutioni ex capite absentiae weiter nicht mehr als in judicialibus z. B. contra lapsum termini aut fatalium nach der in Cod. Jud. bav. vorgeschriebenen Maß Platz. Soviel die Verjährung betrifft, ist wohl nichts gemeineres, als daß man dagegen propter absentiam restituirt wird, welches jedoch nicht mehr per veniam rest. in int. geschieht, sondern man hilft ihnen theils durch Verdoppelung der Ordinari-Verjährungszeit, theils dadurch, daß man während der Abwesenheit, zumal jener, welche reipublicae causa oder anderer ehehafter Hinderniß halber geschieht, cursum praescriptionis sistirt. (Thl. II. Cap. 4. § 8. No. 1, 7 u. § 12). Es bleibt also nur der erste von obverstandenen beiden Effekten der Absentia, nemlich curatela bonorum absentis noch übrig, wobei man vor Allem wohl unterscheiden muß, ob die Abwesenheit schon so lange dauert, daß man den Tod des Abwesenden daraus muthmaßen kann oder nicht. Erstenfalls wird die Curatel ganz anders angeordnet als in dem zweiten Fall. Die letztere nennen wir hier der größeren Deutlichkeit wegen regularem, jene aber irregularem. . . . Ehe man nun (1) zur gegenwärtigen Curatel schreitet, muß sich die Obrigkeit erkundigen, ob der Abwesende seiner Güter halber nicht selbst eine Bestellung gemacht habe, denn wo dieses ist, da cessirt verstandene Curatel, und der Bestellte ist nicht sofast curator als mandatarius absentis. Und da Jemand wider den Abwesenden einen Real- oder Personal-Anspruch bei Gericht macht, so zitirt man ihn vorher edictaliter juxta Cod. jud. bav. C. 5. § 3. No. 1 Dieweil es hienächst nicht um die Person, sondern nur um das Vermögen des Abwesenden zu thun ist, so folgt ganz natürlich, daß gegenwärtige Curatel allezeit a Judice loci rei sitae bestellt werde. . .

6. . . . Das römische Recht (b) weiß von dieser Specie successionis vel Curatelae mixtae nichts, sondern sie ist juris mere consuetudinarii, jedoch sowohl in als außer Deutschland aller Orten rezipirt; dergestalt, daß sie nicht ipso jure, sondern auf vorläufiges Anrufen von der Obrigkeit übertragen wird, einfolglich propria autoritate niemal occupirt werden darf. Wer nun das nächste Successionsrecht bei der Verlassenschaft des Abwesenden hat, dem gebührt auch gegenwärtige Curatel vorzüglich, weil er nemlich nicht nur Curator, sondern auch haeres saltem praesumtivus et conditionalis ist. Unter jenen, welche gleiches Successionsrecht haben, wird die Curatel getheilt. . . . „Den rechtmäßigen Successoribus auf Art und Weise wie in Sterbefällen gebräuchlich ist." Woraus weitere Schlüsse (e) von selbst erfolgen, nemlich daß, wenn der Abwesende ein Testament hinterlassen hat, der instituirte Erbe denen ab intestato hierin ebenso, wie bei Sterbefällen zu präferiren sei; daß alle jene, welche durch Verzicht, Disposition oder sonst a successione ausgeschlossen sind, auch diese Curatel nicht erlangen können; daß endlich sogar Frauenspersonen, Kinder und alle andere, welche sonst ad tutelam vel Curatelam untauglich sind, hier admittirt werden, sohin der Ordinarivormund des Kindes oder Minderjährigen gegenwärtige Curatel zugleich mit vertrete, weil man hier nicht soviel die Tauglichkeit der Person als das Successionsrecht anschauet. Es haben dahero (f) auch alle actiones et remedia, welche pro adipiscenda haereditate und sonst bei wirklichen Sterbefällen kompetiren auch hierin Platz. Und wenn kein wissentlicher Erbe mehr vorhanden ist, gebührt die Curatel dem Fisco nach pars III. Cap. 12. § 5. . . Wieviel Zeit hierzu erforderlich sei, ist durch kein allgemeines Gesetz oder Herkommen bestimmt. Einige gehen theils auf 30, 40, 50 oder gar auf 70 Jahre, andere sehen dabei nicht soviel auf die Länge der Abwesenheit, als das Alter des Abwesenden. Nach dem Codex kommt es ad arbitrium judicis an. Die Umstände (h), worauf man hauptsächlich zu sehen hat, sind nicht nur die Länge der Abwesenheit, und das Alter des Abwesenden, sondern auch die Leibskonstitution desselben, nebst dem Ort, wohin er sich begeben hat, und die Ursachen seiner Entfernung. (i) Ueber diese u. dgl. Umstände nun pflegt sich die Obrigkeit mittels eidlicher Erfahrung und sonst allezeit vorläufig zu erkundigen und hierüber auch mit anderen ausländischen Obrigkeiten zu korrespondiren.

Sind nun die Indicia mehr pro morte als vita absentis, so wird dieser hierauf pro mortuo deklarirt, sohin obverstandenen Erben die Curatel gegen Leistung genugsamer Caution de restituendo in casum reditus übergeben, und hindert nicht, daß der Abwesende selbst einen Curator hinterlassen hat, denn dieser führt allenfalls nur obgedachte Curatelam regularem und nicht länger als bis zu ermeldter Deklaration, nach welcher sodann curatela irregularis ihren Anfang nimmt, und berührten rechtmäßigen successoribus überlassen werden muß. Was für eine Caution von Seiten der Erben hiezu erforderlich sei, kommt ad arbitrium an, sohin nach Beschaffenheit des Erbens zumal wenn er kein übler Hauswirth und sonst guten Leumuths, oder gar die Präsumtion pro morte sehr stark ist, auch wohl juratoria zugelassen werden könne. — Bei ermangelnder Caution aber rückt remotior ein, salvo tamen semper jure proximioris, es wäre denn, daß dieser ex mera contumacia absolut nicht caviren wollte, denn daraus schließt man tacitam renunciationem. . . Die erste (l) Obliegenheit eines solchen Curators ist die Verfertigung des Inventarii, damit man seinerzeit in casu reditus weiß, was und wieviel man zu restituiren oder zu verrechnen habe. Vor wirklicher Zurückkunft aber ist er zu keiner Rechenschaft verbunden. Das Eigenthum des Vermögens (m) erlangt er zwar von der Zeit an, da der Abwesende pro mortuo deklarirt wird, jedoch andergestalt nicht als revocabiliter et conditionate in casum reditus, derowegen hat er nicht viel freiere Hand hierin als andere Curatoren und Administratoren, prästirt auch die nemliche Culpam, und in Veräußerungen werden die nemlichen Solennitäten, wie in alienatione rerum minoris beobachtet. Wie und auf was Weise man aber des Todes vollkommen gesichert sei, sieh Liebhaber, Hellefeld, Wolpmann. Und da kann sich auch der Casus leicht ergeben, wo nicht Kläger, sondern der Beklagte den Beweis führen muß. Andernfalls aber (p) da nemlich von dem Leben des Abwesenden gewiß konstirt, restituirt ihm der Curator das Vermögen entweder bei seiner Zurückkunft selbst, oder seinem bestellten Anwalt, jedoch von der Zeit an, da er bereits pro mortuo deklarirt war, nur cum fructibus exstantibus, und legt ihm Rechnung darüber ab. Ein Honorarium für seine Mühewaltung findet Hellefeld billig, es wäre denn, daß die fructus percepti et consumti schon so viel oder noch mehr, als das honorarium betragen haben. (q) Dafern endlich Curator während der Curatel stirbt, so fragt sich ob er solche auf seine eigene Testaments- oder natürliche Erben transmittire. . . Soweit haereditas pendente conditione transmittirt werden mag, so wird auch Curatela ad haeredes Curatoris transmittirt.

§ 40.

Von Beiständern.

Was hieroben von Vormündern und Curatoribus verordnet worden, das läßt sich auf unverpflichtete Beiständer, weilen sie nur bloße Rathgeber sind, und keine Verwaltung auf sich haben, keineswegs anwenden [a]).

Noten zu § 40.

a) Ueber die Beiständer der Frauenspersonen vergl. Nos. § 36 Z. 3. § 44 mit Note 18. — Landt.-Absch. v. 10. Nov. 1861. Abschn. III. § 28: Einige Aenderungen im Civilrechte b. — Seuff. Archiv Bd. XIII. No. 181: Statutenkollision. — Ueber die Curatelen, über Concursmassen s. die b. G.-O. Cap: XIX. § 18. — (II. Heft). Ueber die Beistandschaften anderer Personen und die Offizialvertretungen Abwesender bei einzelnen Geschäften vergl. Nos. § 36. Z. 1. 4. 5.

NB. Ueber die Curatela ecclesiastica s. Kreittmayr's Anmerkungen zu diesem Capitel § 42.

Auszüge aus Kreittmayr's Anmerkungen zu § 40 u. 41.

Vormundschaftsbeiständerei = Tutela notitiae causa, ist hier zu Lande bei Wittiben, welchen die Vormundschaft über ihre Kinder per testamentum vel Pacta dotalia übertragen ist, üblich, denn diesen gibt man keine Mitvormünder sondern wie wir oben schon gehört haben, unverpflichtete Beiständer ad latus. Zuweilen werden auch jene damit versehen, welche Veniam aetatis erlangen .... so wird auch Vormundschaftsbeiständern kein Mehreres zugemuthet, sondern sie thun ihrer Schuldigkeit ein Genügen, wenn sie nur ihrer beßten Verständniß nach getreulich und redlich rathen. Eben darum aber, weil sie zu Rathgebern bestellt sind, und ihr Amt darin besteht, können sie sich des Beiraths ohne Verantwortung nicht entschlagen. Hiernächst sind sie auch schuldig, der Obrigkeit alsofort gebührende Anzeige zu thun, wenn sie von der Vormundschaft üble Hauswirthschaft oder andere schädliche Dinge verspüren.

3. (Und nach bayer. Rechten).... Bei verehelichten Weibspersonen weicht zwar nach § 36. No. 7. das bay. von dem röm. Rechte so weit ab, daß bei minderjährigen Ehefrauen die Curatel mittels der Ehe alsogleich aufgehoben wird, hingegen kommt es mit demselben wiederum darein übereins, daß die Frau nicht unter die Curatelam mariti kommt, es wäre denn, daß man potestatem maritalem, worunter sie nach Cap. 6. § 12. No. 4 während der Ehe zu stehen hat, also nennen wollte, welches jedoch in sensu valde improprio gesprochen wäre. Den großen Unterschied zwischen beiden zeigt B. Schmid schon an, wenn er schreibt: Mulieres in patria nostra non esse sub Tutela vel Cura mariti sed sub reverentiali quadam potestate, ita ut nec de rebus aut Juribus fidei et administrationi maritali concreditis nil possint statuere sine Maritorum praescitu ac consensu... Legt z. B. der Ehemann seiner Administration halber weder Pflicht noch Rechenschaft ab, braucht keine obrigkeitliche Bestätigung und wenn er seiner Ehefrau Güter mit ihrer Bewilligung veräußert, so bedarf er keiner weiteren Solennität mehr, welches doch in Curatela minorum lauter unumgängliche Obliegenheiten sind. Wasgestalten endlich jure bav. einer Ehefrau in Casu laesionis das benef. restit. in integr. nicht wegen ihres Geschlechts, sondern nur intuitu aetatis, sofern sie noch in der Minderjährigkeit lädirt worden, vergönnt sei, darüber sieh § 36 No. 7 per verba: Wenn sie vor vollstrecktem 21. Jahr merklich gevortheilt sind. —

Alphabetisches Register
zum ersten Hefte.

NB. Die erste Zahl bedeutet die Seite; A. = Anmerkungen Kreittmayr's; a, b, c 2c. 2c. bedeutet eine der erläuternden Noten; S. = Seite; Z. = Ziffer der einzelnen Sätze eines Paragraphen oder der Anmerkungen.

Verlag der J. J. Lentner'schen Buchhandlung.

Bino, Dr. J., die Anzeigepflicht der Aerzte nach Lage der neuen Gesetze. Ein Vortrag. 8. 12 kr.

Bolgiano, Dr. Carl, gesammelte Abhandlungen aus dem Gebiete des gemeinen deutschen Civilprozesses. 8. fl. 3.

Huber, Prof. Dr. J, der Proletarier. Drei Vorlesungen zur Orientirung in der socialen Frage. 8. 54 kr.

Kammerer, P., über Ehrenkränkungen. Vorgetragen in dem Juristenverein in München. 8. 6 kr.

Landrecht, das bayerische, für den Bürger und Landmann. Mit den Grundzügen der Verfassungs-Urkunde des Königreichs Bayern und einem Anhange: Das Statutarrecht der Haupt- und Residenzstadt München. Ein unentbehrliches Handbuch für jeden Geschäftsmann. Leichtfaßlich erklärt und herausgegeben von einem praktischen Juristen. gr. 8. fl. 1. 12 kr.

Permaneder, M., die kirchliche Baulast oder die Verbindlichkeit der baulichen Erhaltung und Wiederherstellung der Cultusgebäude. Aus den Quellen des gemeinen canonischen und bayerischen Partitular-Rechts dargestellt. 2. Aufl. gr. 8. fl. 1. 24 kr.

Polizei-Strafgesetzbuch, das bayerische, für den Bürger und Landmann. Leichtfaßlich erklärt von einem praktischen Juristen. Taschenformat. 30 kr.

Schreiber, Dr., F. A. W., Geschichte des bayerischen Herzogs Wilhelm V. des Frommen, nach Quellen und Urkunden dargestellt. Ein Beitrag zur vaterländischen Geschichte. gr. 8. fl. 2. 24 kr.

— — **Otto der Erlauchte,** Pfalzgraf bei Rhein und Herzog in Bayern. gr. 8. fl. 2. 24 kr.

— — **Max Joseph III., der Gute,** Churfürst von Bayern. gr. 8. fl. 2. 24 kr.

Söltl, J. M., Vorträge über Beredsamkeit. 8. fl. 1. 12 kr.

Stahl, E., Termin-Kalender für die bayerischen Juristen auf das Jahr 1869. Mit verschiedenen den praktischen Dienst erleichternden Beilagen. Sechster Jahrgang. 8. In Sarsenet geb. fl. 1. 24 kr.

Druck von E. Stahl.

Kolibri 360 GmbH
Ferdinand-Jühlke-Straße 7
99095 Erfurt, Deutschland
produktsicherheit@kolibri360.de